내 이름은 색동날개

BIG 2의 합병:
내 이름은 색동날개

우리 항공의 봄 · 여름 · 가을 · 겨울 | 최영택 지음

좋은땅

Big 2의 합병

우리 항공의 Big 2인 대한항공(KE)과 아시아나항공(OZ)이 합병한다. 직원들은 싫어한다. 싫어하는 사정은 서로 다르다. 장남인 대한항공은 고유의 화물 DNA로 코로나 위기에 역대 최고의 실적을 냈다. 경영성과급도 지급했다. 금고에 현금도 쌓이고 살림살이도 늘었는데 괜히 합병했다 덩달아 부실해질까 두렵다. 돈 들어갈 곳이 많을지도 모른다.

아시아나항공은 언제나 장남보다 똑똑하다고 생각해 왔다. "우리의 경쟁사는 대한항공이 아니고 싱가포르항공"이라며 장남의 존재를 애써 무시했다. 몸은 대한항공에서 왔으나 싱가포르항공으로 꽃피우고 싶었다. 싱가포르항공은 고사하고 대한항공으로 들어갈 생각에 직원들은 슬프다.

2004년 모 공영방송 사장이 영국 공영방송 BBC를 3박 4일 동안 집중 탐구하고 돌아왔다. 그는 인터뷰에서 "앞으로 우리의 경쟁자는 BBC, NHK다"라고 했단다. 2004년 그 방송사의 적자가 638억이다. 왜 사람들은 경쟁자를 멀리서 찾는 걸까?

Big 2의 합병은 항공 소비자도 싫어한다. 가격이 오르는데 좋아할 소비자가 어디 있겠는가? 특히 낮은 가격에 우수한 서비스를 선호하는 아시아나항공 고객들은 더욱 그렇다. 합병을 하게 되니 아시아나는 애써 가격 경쟁을 할 이유가 없다. 성수기 손님이 몰릴 때 아시아나가 대한항공보다 가격을 높이니 수요는 대한항공으로 간다. 대한항공에 자리가 차니 수요는 아시아나로 돌아온다. 어차피 하나의 우산 아닌가? 예전처럼 수요 선점을 위해 일자별로 클래스별로 가격을 낮출 이유가 없다. 경쟁이 사라진 이 좋은 기회에 대한항공보다 가격을 높여서 부채도 줄이고 재무구조도 좀 개선해야겠다. 여차하면 아시아나에 재무적 지원을 해야 하는 대한항공으로서도 이는 두 손 벌려 환영할 일이다.

여행사도 Big 2의 합병을 싫어한다. 대한항공 독점 시대의 엄동설한을 견뎌 오다 아시아나가 출범하자마자 보란 듯이 거기에 줄을 섰다. 아시아나와 함께 성장하며 사세 확장하고 직원들 월급도 올려줬다. 비선호 관광노선에 골프 상품 개발하여 편당 프로모션 가격과 좌석을 지원받아 꽉꽉 채웠다. '누이 좋고 매부 좋고'다. 세일즈 렙(Sales rep)* 잘 만나서 학단(학생 단체) 좌석 시리즈로 받고 변두리에 있던 사무실도 아시아나항공 서울지점 가까운 곳으로 옮겼다. 그런데 옛 시절로 다시 돌아가란다. 아시아나항공을 사랑하다 대한항공 눈 밖에 나서 살아온 지 무릇 수십 년인데 또다시 대한항공에 줄을 서야 한다. 한숨만 깊다.

---

* 판매·영업사원을 말한다.

가만히 보니 다들 울상인데 대한항공은 표정이 좋다. 분위기 파악 못 하고 장거리 노선 마일리지 공제율 높이려다 혼쭐이 났다. 그래도 표정이 좋다. 누가 봐도 합병의 수혜자는 대한항공이다. 조금만 기다리면 사사건건 부딪치던 경쟁사와 가족이 되는 행운을 누린다. 아시아나의 화물 부문을 매각해도, 또 목적지 공항의 슬롯(Slot)*을 양도해서 아시아나항공의 공급력이 쪼그라들어도 대한항공은 끄떡없다.

Big 2의 합병은 시장이 만든 경쟁 구도가 대한항공그룹의 독과점 체제로 전환하는 것을 의미한다. 그래서 미국과 EC도 좋아하지 않는다. 미국과 EU 집행위원회는 대기업 간의 합병을 색안경을 끼고 본다. 이들은 시장의 경쟁적 관계가 협력적 관계로 전환하면 그것이 경쟁을 저해하고 소비자 이익을 침해한 것으로 간주한다. 그래서 합병에 태클을 건다. 그들이 자국 기업의 합병에 대해서 엄격한 잣대를 들이대는 이유다. 대한항공은 EU 집행위원회가 제시한 공정 경쟁 유지 방안을 만족해야 한다. 또 미국 법무부(DOJ)의 반독점법(Anti-trust Law)**의 적용을 회피할 수 있어야 한다.

Z세대는 우리 항공 Big 2의 합병에 대해 어떠한 반응을 보일까? 2022년 10월 16일 오전 9시 「지역관광개발론」 수업 중에 수강생을 대상으로 Big 2의 합병에 대한 찬·반 의견을 조사했다. 조사 전에 합병

---

* 공항에서 항공기가 뜨고 내리는 시간대를 말한다.
** 독점을 금지하고 경쟁을 유지하는 미국 연방 법안이다. 이 법안은 미국의 소비자, 납세자, 근로자가 경쟁으로부터 얻는 혜택을 앗아가는 반경쟁적 행위와 합병을 금지한다.

의 당위성과 부당성에 관해 설명했다. 당위성은 언론에 알려진 합병 지지자들의 주장을 객관적인 입장에서 했다. 부당성은 강사의 주관적인 판단을 근거로 했다. 합병의 당위성은, 부실 항공사를 대한항공에 편입하여 국민 세금의 낭비를 막고 또 국가 항공운송산업의 대외 경쟁력을 향상하는 데 있다고 소개했다. 합병의 부당성은, 합병으로 인한 일부 노선의 심각한 독과점 우려와 그에 따른 소비자 편익의 훼손이라고 설명했다. 출석 학생 75명의 찬·반 답변을 수업 중에 모바일을 통해 수집했다. 결과는 찬성 45.3%, 반대 54.7%였다. 합병을 반대하는 응답이 많았다.

이번에는 「항공산업론」 수강생을 대상으로 2023년 3월 14일과 4월 18일 두 차례에 걸쳐서 강의 시간 중에 Big 2의 합병에 대한 찬·반 조사를 했다. 첫 번째 조사는 학생들에게 합병에 대한 정보를 제공하지 않은 상태에서 했다. 두 번째 조사는 Big 2의 합병에 관한 리포트를 과제로 내주고 5주의 시간 동안 스스로 공부할 수 있게 했다. 그런 후에 어떠한 변화가 있는지 확인하였다. 모바일을 통해 찬성은 1로 반대는 2로 표시하도록 했다. 1차 조사는 출석 학생 91명 중 무효 1명을 제외하고 90명의 유효 답변을 이용했다. 2차 조사는 출석 학생 98명 중 무효 18명을 제외하고 80명의 유효 답변을 수집하여 각각 집계했다. 합병에 대한 찬성과 반대 비중이 1차 조사는 61.1% 대 38.9%, 2차 조사는 52.5% 대 47.5%로 1, 2차 조사 모두 합병을 찬성하는 비중이 높았다. 리포트 제출 이후의 2차 조사에서 찬성 비중은 작아지고 반대 비중은 커졌으나 대세에 영향을 미칠 정도는 아니었다. 합병을 찬성하는 대답이 많았다.

나는 합병에 대한 총 세 번의 조사를 거쳐 그 결과를 평가했다. 「지역관광개발론」 수강생을 대상으로 한 A그룹 조사에서는 합병 반대 의견이 높았다. 「항공산업론」 수강생을 대상으로 한 B그룹 조사에서는 두 차례 조사 모두 합병 찬성 의견이 많았다. 항공에 대한 전문적인 지식과 경험이 있는 강사가 개입하여 강사 자신의 의견을 밝힌 A그룹 조사에서는 합병에 대한 반대 의견이 높았다. 강사가 개입하지 않고 합병에 대한 학생들 자신의 평소 생각과 인터넷 기사 또는 칼럼을 통해 습득한 정보로 조사에 임한 B그룹은 합병을 찬성하는 의견이 높았다.

Z세대 수강생을 대상으로, 서로 다른 조건에서 세 차례의 조사를 하면서 나는 Big 2 합병의 기회를 이용하여 우리의 항공 및 관광의 이야기를 하고 싶어졌다. 왜 Big 2의 합병인가? 부실 항공사를 역량 있는 항공사에 넘겨서 얼마나 더 들어갈지 모를 추가적인 재정지원을 막을 생각이다. 혈세를 낭비할 수는 없다. 또 일반 대기업의 항공사 인수로 나올지 모를 수많은 불협화음은 화학성분이 같은 물질로 흡수하면 밖으로 드러나지 않는 효과가 있겠다. 합병 이후의 혹시 모를 충격을 내부에서 흡수할 역량을 충분히 가지고 있다. 이런저런 이유가 있을 것이다.

정부의 결정에 따라 제2 민항으로 태어난 색동날개 아시아나항공은 또 정부의 결정으로 꿈·사랑·감동의 날개를 접으려 한다. 아시아나를 세상에 내놓은 이도 정부였고, 이제 거두어가는 이도 정부다. 아시아나의 흔적을 지우고 대한항공의 이름으로 더 높게 비상한다고 할지라도 아시아나항공의 서비스 경쟁과 가격 경쟁이 소비자와 시장에 남긴 긍정적인 역할은 소홀할 수 없다.

나는 우리 항공의 이야기를 항공과 관광에 관심이 많은 청년 세대에 소개하고 싶다. 그들은 공정하고, 환경친화적이며, 책임 있는 여행을 중시한다. 여행 목적지, 항공편, 호텔, 그리고 현지의 액티비티(Activity)까지 여행 계획 단계에서부터 탐색하고 비교하고 결정하며 여행 전반을 개인화하고 개별화한다. 관광명소로 소문이 나서 남들이 많이 찾는 복잡하고 소란스러운 곳은 피한다. 잘 알려지지 않아 개발이 덜 되고 자연과 문화가 보존된 곳으로 여행하면서 나를 보상하고 힐링한다. 혼자 여행하고 또는 가족·친구와 여행하며 SNS로 기록을 남기고 공유한다. 항공료는 8만 원짜리 항공권을 찾아 아끼지만, 현지 맛집에서는 30만 원짜리 음식을 찾아 그 문화를 즐긴다고 한다. 국내 유명 온라인 여행사 CEO가 MZ 세대의 상품구매 성향 데이터를 기반으로 그들의 문화관광 특성을 그렇게 묘사하였다. 저가의 항공료를 찾아 기회가 닿는 대로 자주 여행하고 현지의 독특한 음식과 문화를 즐기려는 욕구가 강하다. 글로벌 저비용 항공사(LCC, Low Cost Carrier)의 효시인 사우스웨스트항공(Southwest Airlines)의 '낮은 운임으로 자주 운항한다'는 그들의 철학과 닮았다.

나는 이야기를 어떻게 풀어가면 좋을까 생각했다. 우리 항공의 어제와 오늘, 그리고 내일의 이야기를 시간의 흐름을 타고 하면 좋겠다 싶다. 그래서 우리 항공의 시대적 경쟁상황을 기반으로 네 단계로 구분하고 거기에 봄(春), 여름(夏), 가을(秋), 겨울(冬)의 이름을 붙였다.

봄(春)은 대한항공 혼자 운항하던 시대로 '대한항공의 꿈'으로 했다. 여름(夏)은 대한항공과 아시아나항공이 경쟁하던 시대로 '아시아나항공의 사랑'으로 했다. 가을(秋)은 저비용 항공사가 저가 경쟁을 시작한 시대로 '저비용 항공사의 감동'으로 했다. 아시아나항공의 모토인 꿈·사랑·감동으로 연결했다. 그리고 겨울(冬)은 Big 2의 합병을 전제로 한 '대한항공그룹의 꿈 어게인'으로 이름을 붙였다.

물론, 2023년 12월 현재 합병은 진행 중이고 그 결과를 단정할 수는 없다. '대한항공그룹의 꿈 어게인'이라고 구분하기에 이른 감이 없지 않다. 그러나 산업은행이 Big 2의 합병을 결정한 순간부터 합병의 영향은 시장에서 감지되었다. 많은 것이 변했다. Big 2의 합병으로 시장의 경쟁 구도가 변하고 또 대한항공그룹의 시장지배력이 변했다. 합병의 영향은 이미 시작되었다.

생활 수준의 향상과 디지털 기술의 발달로 일상과 여행의 경계가 모호해졌다. 대부분 동의할 것이다. 21세기 신인류는 장소와 공간에 구애받지 않고 옮겨 다니며 일한다. 또 그것을 끊임없이 추구한다. 그들을 디지털 노마드(Digital nomad)*라고 한다. 그들의 혈관에는 뜨

---

* 디지털 유목민은 기술과 인터넷을 이용해 원격으로 일하면서 자유롭게 여행하는 사람들을 말한다. (출처: Wikipedia)

거운 집시의 피가 흐른다. 일상을 여행으로 연결한다. 이렇듯 항공 여행은 이미 수시화, 일상화하여 우리의 생활 속으로 깊게 들어와 있다. Big 2의 합병은 나의 일상, 나의 여행과 연결되어 있다.

　Big 2의 합병은 서로 다른 두 가지 의견이 존재한다. 합병이 소비자 편익을 훼손하거나 관련 산업의 성장을 저해해서는 안 된다는 주장이 있다. 또 부실기업에 국가 재정을 낭비하지 말고 대한항공에 편입시켜 항공의 국가 경쟁력을 키워야 한다는 주장도 있다. 합병을 바라보는 관점에 따라 평가가 서로 엇갈린다. 전자의 관점으로 보면, 일본의 JAL(일본항공)과 ANA(전일본공수)처럼 대한항공과 아시아나항공이 서로 경쟁 구도를 유지하는 것이 소비자와 관련 산업에 유익하다는 논리다. 양 대형 항공사가 경쟁 구도를 유지하기 위해서는 부채가 13조인 아시아나항공을 성공적으로 경영할 수 있는 주체가 필요하다. 이는 국내에서 자금력과 경영 능력을 보유한 재벌 대기업이 아니면 승자의 저주에 붙들리기 쉽다. 그러나 정부는 항공운송업에 대한 재벌 대기업의 참여를 꺼린다. 1988년 제2 민항 선정에서도 대재벌은 제외한다는 기준을 마련한 과거 경험이 있다. 이러한 정부 기조가 바뀌지 않으면 일본의 JAL과 ANA의 경쟁 구도처럼 국내에서 양 대형 항공사의 경쟁체제를 유지하기는 쉽지 않다. 그리고 후자의 관점으로 보면, 대한항공의 합병이 국가 항공운송산업의 대외 경쟁력 향상에 공헌한다는 것인데 이는 두고 볼 일이다. 언론을 통해 나오는 합병 승인 관련 뉴스를 보더라도 꼭 그렇지는 않은 것 같다. 합병 이후 시장의 경쟁상황과 소비자 반응, 그리고 당국의 대응을 보아야겠다.

Big 2의 합병에 대해 EU 집행위원회는 경쟁을 유지하는 강력한 방안을 요구했다. 미국 바이든 정부는 반독점법의 잣대를 들이대고 있다. EU 집행위원회를 만족하기 위한 아시아나 화물 부문 매각의 건을 2023년 11월 2일 아시아나항공 이사회가 가결했다. 합병으로 가는 관문 하나를 통과했다.

대한항공의 입술

나는 항공사 홈페이지에서 2022년 8월 22일 출발하는 가족 3인의 인천-뉴욕 항공권의 가격을 검색하다가 Big 2의 합병 영향이 시장에서 이미 작동하고 있는 것을 감지했다. 외견상 서로 다른 브랜드로 운항하고 있지만 두 항공사의 경쟁 구도는 사실상 해체되고 협력 모드는 작동하고 있었다. 두 항공사의 가격을 보면 예전과는 다른 변화가 느껴진다.

아래에 그들의 판매가격을 표로 정리하였다. 8월 22일 출발하여 9월 1일 돌아오는 여정의 인천-뉴욕 노선의 왕복 항공권 가격이다.

먼저, 비즈니스 항공권의 가격이다.

아시아나항공의 비즈니스 왕복 항공권의 가격은 인당 8,285,100원이다. 대한항공의 비즈니스 왕복 항공권 가격은 인당 7,669,900원이다.

[표] 인천-뉴욕 왕복 항공권 가격(비즈니스 클래스)

항공사	가격	일자
아시아나항공	8,285,100원	8월 22일 인천 출발
대한항공	7,669,900원	9월 1일 뉴욕 출발

출처: 아시아나항공, 대한항공 각 사 홈페이지 / 2022-06-02

아시아나항공의 비즈니스 항공권 가격이 대한항공보다 615,200원 더 비싸다. 있을 수 없는 일이다. 아시아나항공의 충성고객조차도 대한항공으로 발길을 돌리게 하는 가격정책을 구사하고 있다.

다음은 이코노미 항공권 가격이다.

아시아나항공의 이코노미 왕복 항공권 가격은 인당 3,085,100원이다. 대한항공의 이코노미 왕복 항공권의 가격은 인당 2,999,900원이다.

[표] 인천-뉴욕 왕복 항공권 가격(이코노미 클래스)

항공사	가격	일자
아시아나항공	3,085,100원	8월 22일 인천 출발
대한항공	2,999,900원	9월 1일 뉴욕 출발

출처: 아시아나항공, 대한항공 각 사 홈페이지 / 2022-06-02

아시아나항공의 이코노미 항공권 가격이 대한항공보다 85,200원 더 비싸다. 비록 작은 가격 차이라 하더라도 이것 역시 있을 수 없는 일이다. 대한항공과의 경쟁노선에서 아시아나항공의 항공권 가격이 대한항공보다 비싼 적은 없었다. 아시아나항공 역시 이것을 후발 항공사의 숙명처럼 받아들여 왔다.

1988년 아시아나항공 창립 초기에 적지 않은 대한항공 인력이 아시아나로 이동했다. 대한항공은 주요 부서 인력의 유출을 막기 위해 직원들의 임금을 인상하고 진급 인사를 단행했다.* 전사적으로 핵심 인력의 유출을 단속하고 나섰다. 아시아나항공 역시 2년 치 호봉을 한꺼번에 올려주면서 직원 스카우트에 나섰다. 적지 않은 인원이 대한항공에서 이동해 와 아시아나항공 창업에 중요한 역할을 했다. 그 역할의 씨앗이 30여 년 동안 뿌리를 내리고 싹을 틔워 오늘의 아시아나항공 문화를 만들고 마지막까지 경영을 책임져 왔다.

"우리의 경쟁사는 대한항공이 아니라 싱가포르항공이다."

그들은 겉으로는 대한항공을 애써 거부하는 듯한 모습을 보였지만 그곳에서 체득한 문화는 아시아나항공 곳곳에 스며들었다. 그들에게는 독특한 특징이 하나 있다. 부하 직원에게 늘 습관적으로 던지는 질문이 있다.

"대한항공은 어떻게 하지?"

대한항공과 관련된 크고 작은 모든 정책 결정에서 일관적인 모습을 보였다.

사우스웨스트항공의 창립자 허브·켈러허(Herb Kelleher)가 사장인

---

* 대한항공 50년사 '하늘길에 꿈을 담다'

푸트남(Howard D. Putnam)에게 물었다.

"당신이 사우스웨스트를 위해 한 일 중에 가장 큰 일은 무엇입니까?"

푸트남이 대답했다.

"내가 유나이티드항공에서 배운 것을 하나도 적용하지 않았다는 것입니다."

푸트남이 1978년 사우스웨스트 사장으로 옮기기 전까지 그는 유나이티드항공의 부사장 직위에 있었다.

노장사상의 대가인 최진석 교수는 두 가지 종류의 회사가 있다고 강조한다. 하나는 선례를 만드는 회사이고, 다른 하나는 선례를 쫓는 회사다.

아시아나항공은 그간 경쟁노선에서 대한항공에 비해 낮은 가격을 구사했다. 이제는 언제 그랬냐는 듯 눈치 볼 것 없이 대한항공보다 높은 가격을 제시한다. 미국뿐 아니라 유럽노선에서도 마찬가지다. 예전처럼 수요를 선점하기 위해 애써 가격 경쟁을 하지 않는다. 시장에서 수요 유치를 위한 경쟁 부담이 사라졌다. 이제는 대한항공보다 높은 가격으로 매출도 올리고 부채비율도 낮춰야겠다. 옆에서 지켜보는 대한항공도 흐뭇하다.

합병으로 인해 시장의 경쟁적 관계가 협력적 관계로 전환되니 당장 그 피해는 소비자 몫이 되었다. 아시아나의 가성비를 선호하는 고객, 아시아나 아니면 안 탄다는 충성고객, 아시아나 승무원이 더 친절하다는 고객, 아시아나 기내식이 더 맛있다는 고객, 그리고 아시아나의 하이 마일리지(High mileage) 고객도 대한항공으로 옮겨 갈 준비를 해야 한다. 어차피 하나의 우산이지 않은가?

아시아나의 로고 오른쪽 위에 그려진 빨간색 날개가 언제부터인가 내 눈에는 대한항공의 입술로 보인다. 립스틱 짙게 바른 대한항공의 입술. 그 입술 속으로 아시아나항공이 빨려 들어간다.

목 차

가을(秋): 저비용 항공사의 감동

겨울(冬): 대한항공그룹의 꿈 어게인

봄(春):

대한항공의 꿈

대한항공 50년사의 두 장면

대한항공 뉴스룸(news.koreanair.com)은 2019년 3월 대한항공의 창립 50주년을 기념하여 「대한항공 50년사 '하늘길에 꿈을 담다'」를 편찬하고 이를 일반에 공개했다. 대한항공은 이 뉴스룸을 통해 그들의 항공정보, 여행정보, 재무정보, 보도자료, 사회공헌 등 회사와 관련된 뉴스를 공개하고 일반 고객과 소통한다. 간결한 구성과 유용한 정보가 지금보다는 미래의 기대를 크게 한다.

나는 2000년 6월 22일 중국 충칭 현지에서 충칭-서울 정기편 직항로를 개설했다. 관할 지역인 중국 충칭 및 쓰촨성 여행자에게 아시아나항공 충칭지점과 한국 명소를 알릴 목적으로 사비 200만 원을 들여 충칭지점 홈페이지 제작에 착수했다. 인터넷에 친숙한 중국 젊은 여행자들과의 소통이 목적이었다. 호응이 좋고 경험치가 쌓이면 중국 전 지점으로 확산할 생각이었다. 당시 부양할 가족도 없는 노총각이었고 국내 근무하는 것보다 월수입도 늘었으니 홈페이지 제작으로 돈 좀 들어가는 것은 괜찮았다. 회사를 위해 무언가 할 수 있다는 것에 오히려 기뻤다. 문제는 의욕은 넘쳤고 시도도 했으나 지속할 수 있는 시스템적 역량을 갖추지 못한 데 있었다. 당시 나의 구상은 회사의 지원을 확보하지 못하면 성공하기 어려웠다. 시기적으로도 비교적 이른 시도였다. 실패는 했지만 꿈이 있어 좋았다. 잘 갖추어진 대한항공 뉴스룸을 보니 오래전의 꿈이 생각났다.

1948년 대한국민항공사(KNA, Korea National Airlines)가 국내선 운항을 시작했다. 1948년이면 광복 이후 3년이 지난 시점이고 남한 단독으로 대한민국 정부가 수립되던 때다. 2년 후인 1950년에는 6·25전쟁이 발발했으니 KNA의 항공운송사업 역정은 보지 않아도 짐작이 간다. KNA는 1962년에 도산했다.

정부가 나서서 1962년 6월 19일 국영 대한항공공사(KAL)를 설립했으나 역시 적자였다. 박정희 대통령은 한진그룹 조중훈 회장을 청와대로 초치하고 KAL의 경영을 맡겼다. 한진그룹이 항공운송사업에 진출한 계기였다. 어디서 본 듯한 장면이다. 박정희 정부가 KAL을 한진그룹에 넘기고 50여 년이 흐른 2020년. 문재인 정부의 산업은행이 아시아나항공을 대한항공에 넘겼다. 두 개의 역사적 장면이 눈앞에 겹친다.

대한항공은 출범 당시 항공기 8대에 일본 3개 도시를 운항하던 소규모 항공사였다. 그가 가진 8대의 기재 중에 제트기는 115석의 DC-9

1대가 전부였다. 삼성테크윈이 운영하던 전용기 부문을 대한항공에 매각하던 2015년만 해도 삼성은 전용기로 제트기 3대와 헬리콥터 7대를 운항하고 있었다. 그때의 대한항공은 이보다 작은 규모였을 것이다. 그렇게 출발했던 대한항공은 2023년 현재 19,142명의 직원과 항공기 159대를 보유하고 42개국 107개 도시에 국제선을 운항하는 글로벌 항공사로서 명실상부한 대한민국의 대표 항공사로 성장하였다.

대한항공은 1969년 출범 이후 아시아나항공이 등장한 1988년까지 19년 동안 국내 유일한 국적항공사의 독점적 지위를 누렸다. 19년 동안 계속된 대한항공 독점 시대는 미국의 항공 규제 완화법(Airline Deregulation Act)*을 기점으로 1970년대의 양적 성장의 시대와 1980년대의 질적 성장의 시대로 구분한다.

1970년대는 항공 사업 진출 초기로 국제선 운항 역량이 필요했다. 몸집을 키워야 했다. 신형 항공기 도입과 신규노선의 확장, 그리고 공급력 증대가 우선 과제였다. 규모의 경제를 위해서는 양적 성장이 필요했다.

1980년대는 항공 수요가 증가하고 공급이 늘어나는 경쟁의 시기였다. 국내적으로는 경제가 성장하고 국민소득이 증가했다. 1986년 아시안게임, 1988년 서울올림픽, 1989년 해외여행 자유화 조치 등 항공 수요의 증가가 예상되는 이벤트가 줄줄이 이어졌다. 국제적으로는 미

---

* 미국의 항공 규제를 완화한 법안으로 1978년 카터 대통령이 서명하였으며 1979년 의회의 승인으로 발효하였다.

국의 항공사 규제 완화법이 항공업계의 경쟁 무대를 지역에서 글로벌로 전환하였고 개별 항공사의 경쟁 대상과 범위를 전 세계로 확장하였다. 미국 대형 항공사를 비롯한 외항사들이 시장진입을 확대하면서 경쟁은 증가하고 수익성은 악화하였다. 대한항공은 비용 절감을 통해 원가를 낮추고 기내서비스 품질 개선, 상용 고객 우대제도(FFP, Frequent Flyer Program) 등 고객서비스 품질을 향상하며 회사의 질적 성장을 추구했다.

미국이 하늘을 자유롭게 열다

1970년대는 대한항공이 미국의 로스앤젤레스와 뉴욕 시장에 진입하여 양적 성장을 추구하던 시기다. 그 1970년대의 후반에 미국이 자국의 하늘을 자유롭게 열었다. 항공 규제 완화법을 채택하여 항공사에 대한 정부 간섭을 제거했다. 규제를 완화하고 항공사의 효율성과 서비스를 증진했다. 오늘날 글로벌 항공자유화의 초석이 되었다. 미국은 항공 규제 완화법을 통해 민간항공의 가격, 노선 그리고 신규 항공사의 시장진입에 대한 정부 규제를 제거하였다.

미국은 항공 규제 완화법을 도입하기 전까지 매우 규제적이었다. 미연방 민간항공위원회(CAB, Civil Aeronautics Board)가 주(State)와 주(State)를 운항하는 모든 국내 항공 노선에 대한 운임, 노선권, 스케줄을 규제했다. CAB는 단거리 노선에서는 운임을 낮추고 장거리 노선에서는 높은 운임을 통해 항공사를 보조했다. CAB가 항공사의 적정 수익성 이상의 운임을 보장해 주었다.

기존 항공사와 항공 규제 당국 간의 이러한 보호적 관계는 신생 항공사의 시장진입을 가로막고 비효율적 항공사를 양산했다. 신생 항공사의 시장진입에 대해 기존 항공사들은 "시장 공급력이 충분한데 다른 항공사가 진입하면 시장은 엉망이 되고 소비자 역시 피해를 본다"라고 주장한다. 이는 기득권을 가진 기존 항공사들의 단골 메뉴다. 아시아나항공이 시장에 갓 진입했을 때 대한항공이 그랬고 제주항공 등 LCC가 시장에 처음 진입했을 때 아시아나가 그랬다.

이렇듯 보호적인 미국의 항공 규제시스템은 1970년대에 압력에 직면했다. CAB의 보호 속에 수익이 보장된 항공사들은 기존의 규제시스템을 선호했다. 기득권을 지켜야 했다. 하지만 오르는 항공료를 부담해야 하는 항공 여행자는 이를 반대했다. 높은 지방세로 항공운송을 보조하는 지역사회들 역시 항공 규제시스템을 반대했다.

진보적인 경제학자들 역시 이러한 규제시스템이 비효율성을 가져와 높은 비용을 발생한다고 주장했다. 규제를 완화하는 쪽에 힘을 보탰다. 카터 행정부는 항공사의 신규 진입을 늘리고 가격 규제를 없애는 동시에 운항 노선과 허브 공항에 대한 규제를 완화하면 그 혜택은

---

* Alan R. Beckenstein, Brian Camphell(2017). Public Benefits and Private Success: the Southwest Effect Revisited.

항공업계와 소비자에게 돌아간다고 주장했다. 항공의 효율성과 소비자 혜택, 이 두 가지를 위해 미국은 하늘을 자유롭게 개방했다.

미국이 항공 규제를 완화하면서 많은 항공사가 경쟁에 노출되었다. 대규모 손실을 기록하고 또 노조와 충돌하면서 Eastern, Pan Am, TWA 등 주요 대형 항공사와 100여 개의 소규모 항공사들이 사라졌다. 또 수많은 신생 항공사가 생겨났다. 미국 내 치열한 경쟁에서 생존한 항공사들은 유럽과의 대서양횡단 노선(Trans-Atlantic routes)을 시작으로 그들이 추구하는 항공자유화(Open Skies)*를 전 세계로 널리 확산하였다.

화물 DNA로 코로나에 대박 나다

1970년대 대한항공은 미주 및 유럽 노선에 화물기를 먼저 취항했다. 여객기를 먼저 취항하여 시장에 진입하는 대부분 여객 중심의 일반 항공사와는 전략이 달랐다. 창업 초기부터 화물운송을 중시했다.

대한항공은 1971년 4월 서울-도쿄-로스앤젤레스 노선에 화물기를 취항했다. 여객 수요보다는 화물 수요 전망이 좋았다. 1970년대 우리나라는 10년 동안 단순 평균으로 매년 10.5%에 달하는 경제성장률을

---

* 항공자유화는 노선, 공급, 가격설정에 관한 항공사의 상업적 결정에 정부의 간섭을 제거함으로써 항공사가 자유재량으로 더 저렴하고 더 편리하며 더 효율적인 항공운송 서비스를 고객에게 제공할 수 있도록 한 제도다.

기록했다. 미주 항공화물의 성장세는 뚜렷했으나 여객은 아직 국민의 해외관광이 자유롭지 못했다.

대한항공은 화물기 취항 1년 후인 1972년 4월이 되어서야 호놀룰루와 로스앤젤레스에 여객기를 취항했다. LA 교민들은 화물기가 취항한 것을 보고 여객기도 곧 들어올 줄 알았다. 일 년이 걸렸다. 가난한 조국의 항공기가 태평양을 가로질러 이국만리 미국으로 취항하는 날 하와이 공항과 LA 공항에 교민들이 마중 나와 감동의 눈물을 흘렸다고 한다.

당시 우리나라는 순수 관광목적의 해외여행을 허용하지 않았다. 국내에서는 좌석을 채울 수요가 넉넉하지 않았다. 산업화에 국가의 역량을 모으던 시절에 수출과 해외 건설사업으로 벌어들인 외화를 해외관광으로 소비할 여유가 없었다. 대한항공은 부족한 서울 출발 수요를 보완하기 위해 도쿄를 경유하여 운항했다. 1972년 일본이 국민의 해외여행을 자유화했고 이 기회를 포착했다.

대한항공은 뉴욕 역시 로스앤젤레스와 마찬가지로 화물기를 먼저 취항했다. 1979년 3월 23일 서울-앵커리지-뉴욕 노선에 화물기를 취항하고, 6일 후 같은 노선에 여객기를 취항했다. 이렇듯 화물기를 먼저 취항한 대한항공의 화물 DNA는 50년이 지나 코로나 팬데믹 시대에 빛을 발한다.

코로나19로 세계 각국은 자국의 하늘을 봉쇄하고 외국인의 입국을 제한했다. 대한항공은 2020년 3월 전체 운항 노선의 70% 이상을 운항 중지했다. 이때 대한항공의 전통적인 화물 DNA가 작동하기 시작한다. 항공기가 지상에 발이 묶여 있으면 항공기의 부식 방지, 주기적인 엔진 점검 등 비용만 발생한다. 다시 날 때를 대비해 항공기 체크리스트에 따라 주기적으로 점검하기 때문이다. 대한항공은 운휴 중인 노선을 대상으로 여객기에 화물만 실어 운항하다가 급기야 B777-300ER 여객기를 화물기로 개조했다. 여객기의 객실 좌석을 제거하고 화물 적재 공간을 추가 확보하여 화물운송에 나섰다.

대한항공은 이러한 화물 DNA에 힘입어 2021년 1조 4,179억 원의 영업이익을 냈다. 1년 후인 2022년의 영업이익은 2조 8,306억 원이다. 전년 대비 2배의 영업이익을 기록했다. 대한항공이 역사상 2조 원대의 영업이익을 기록한 것은 2022년이 처음이다. 팬데믹 시기에 대한항공의 화물 DNA가 그것을 가능하게 했다. 화물은 자연재해, 정치적 소요, 전쟁, 테러, 팬데믹 등 이벤트 리스크(Event risk)*에 대한 노출 정도가 낮다. 국제화물 운송에 탁월한 역량을 가진 대한항공은 팬데믹 기간 중 국제화물 운송시장의 공급력 부족, 그에 따른 운임 인상으로 반사이익을 누릴 수 있었다.

이와는 대조적으로, 여객 운송 위주인 제주항공, 티웨이항공 등 국적 LCC는 팬데믹 3년 동안 적자를 보았다.

---

* 기업, 산업, 또는 안보에 부정적 영향을 미쳐 투자자나 이해관계자에 손실을 입힐 수 있는 돌발 위험을 말한다.

하와이에는 일본 사람이 많다

대한항공은 1972년 4월 서울-도쿄-호놀룰루-로스앤젤레스 구간에 미국 노선 최초의 여객기 운항을 시작했다. 대한항공은 로스앤젤레스를 운항하는데 왜 도쿄와 호놀룰루를 경유하는 것일까?

1957년 4월 24일 체결한 '한·미 항공운송협정'은 양국의 지정항공사(Designated airlines)*에게 다음과 같은 노선권(Route rights)을 허용한다:

· 미국 측: 미국 내 모든 지점-중간 모든 지점-한국 내 모든 지점-이원 지점
· 한국 측: 한국 내 모든 지점-앵커리지-시애틀

미국 측 지정항공사는 중간 지점(Intermediate points)과 이원 지점(Beyond poins) 등 모든 지점을 연결 운항할 수 있다. 항공사의 운항 계획에 따라 효율적인 노선 운영이 가능하다. 한국 측 지정항공사는 미국처럼 중간 지점이나 이원 지점에 대한 운항 권리를 보유하지 못했다. 앵커리지에 중간 기착한 후 시애틀로 운항하는 것으로 노선권을 제한했다.

---

* 국가 간 항공협정의 관련 규정에 따라, 일방 체약국은 자국의 항공사를 양국이 합의한 특정 노선의 운항 항공사로 지정하여 상대 체약국에 서면으로 통보한다. 이를 지정항공사라고 한다.

1957년이면 우리나라는 미국의 경제원조를 받아 전후 복구사업을 마무리하는 시점이었다. 우리 정부는 항공회담에서 미국과 상호호혜적인 동등한 항공 관계를 요구할 만한 항공 역량이 없었다. 1957년 협정은 그렇게 체결되었다.

대한항공이 로스앤젤레스를 취항하려면 1957년 협정을 개정해서 로스앤젤레스를 운항 목적지에 포함해야 했다. 한·미 양국은 회담을 통해 1971년 3월 26일 다음과 같이 협정 일부를 개정했다:

· 미국 측: 미국 내 모든 지점-중간 모든 지점-한국 내 모든 지점-이원 지점
· 한국 측: 한국 내 모든 지점-일본 내 모든 지점-호놀룰루(여객기 의무 착륙)-로스앤젤레스

미국 측의 운항 지점은 1957년 협정을 그대로 유지했다. 한국 측은 로스앤젤레스를 운항 지점에 포함했으나 단서 조항이 달렸다. 로스앤젤레스를 운항하는 여객기는 호놀룰루를 경유하도록 했다. 미국은 자국 항공사를 보호하기 위해 한국 항공사의 로스앤젤레스 직항을 제한했다.

대한항공은 1972년 4월 서울에서 일본의 도쿄를 경유하여 호놀룰루-로스앤젤레스 구간에 미주 노선 최초의 여객기 운항을 시작했다. 국민의 순수 해외관광이 허용되지 않은 상황에서 한·미 간 여행수요를 호놀룰루 경유편으로 유치하기 쉽지 않았다. 1972년 일본이 국민

의 해외여행을 자유화했다. 대한항공은 도쿄를 중간 지점으로 경유하여 일본인의 미국행 수요 유치에 나섰다.

개정된 1971년 한·미 항공협정에서 의무 규정한 '호놀룰루 경유 로스앤젤레스 운항' 조건은 로스앤젤레스 직항편 대비 수요 유치 경쟁에서 불리하다. 대한항공은 도쿄에서 일본인의 호놀룰루 및 로스앤젤레스 수요 유치를 통해 이를 극복하고자 했다. 하와이는 미국에서 일본계 미국인 비율이 가장 높은 지역이다. 대한항공은 도쿄를 경유하는 것이 일본-하와이 간 수요 유치에 유리했다.

2013년 여름이었다. 중국 항저우에서 가족이 한국으로 온 지 만 2년이 되는 해였다. 8월 초가 되면 KIS(Korea International School) 4학년에 진학하는 어린 아들과 함께 우리 세 가족은 하와이 호놀룰루로 휴가를 갔다. 오후 5시가 지나 호놀룰루 항구에서 유람선(Sunset Dinner Cruise Ship)에 올라 다이아몬드 헤드(Diamond Head)까지 항해했다. 태양이 지는 일몰의 광경과 와이키키 해변 뒤로 펼쳐지는 도시의 불빛을 바라본다. 가족과 함께 한 그 순간의 소중함이 감동으로 다가온다. 여행은 낯선 곳의 경험을 통해 세상을 바라보는 시야를 넓혀 준다. 무지했던 자연과 문화를 만나 오래도록 내면에 숨어 있던 또 다른 내가 세상에 나오는 경험을 한다. 새로운 장면과 환경에 반응하여 가슴속 깊은 감성의 층들이 하나하나 새롭게 드러나는 순간이다. 1786년 괴테는 그의 로마 여행을 "새로운 삶이 시작되는 것 같다"

---

* 설혜심(2020). 그랜드 투어

라며 그 여행의 감동을 표현했다고 한다. 인류는 어쩌면 여행에서 다시 사는 삶의 힘과 지혜를 얻는 것인지도 모른다.

선상에서 벌어지는 하와이 전통 댄서들의 훌라춤 공연을 감상하면서 가족과 함께 저녁 식사를 하다 보면 주변 테이블에서 일본어가 연신 들려온다. 크루즈에 오른 많은 사람이 일본인이다. 하와이에는 일본 사람이 많다.

경제 고도 운항: '운항경비 1% 절감은 수입 10% 증가'

1978년 미국 카터 대통령이 서명한 항공 규제 완화법이 이듬해인 1979년 의회의 승인을 거쳐 발효되었다. 미국 항공사의 서울 취항 러시가 시작되었다. 서울-미국 노선에 외항사의 시장진입이 늘어나고 항공사 간 수요 유치를 위한 서비스 경쟁과 가격 경쟁이 치열해졌다. 서비스 경쟁으로 비용이 증가하고 가격 경쟁으로 수입이 감소하면서 미국 노선의 적자 상황이 연출되었다. 대한항공은 이를 극복하기 위해 전사적인 비상경영(Contingency plan)에 돌입했다. 특히 '운항경비 1% 절감은 수입 10% 증가'의 슬로건을 내세워 조종사에게도 경제 고도(Optimum altitude) 운항을 통해 비상 경영에 동참할 것을 촉구했다.

---

* 대한항공 50년사 '하늘길에 꿈을 담다'

IVAO Documentation Library(2023)*에 따르면, 조종사는 운항경비를 절감하기 위해 항공기의 연료 효율성이 높은 고도를 유지하여 비행하는데 이 고도를 경제 고도라 한다. 경제 고도는 최대 연비를 낼 수 있는 고도로 중량과 속도에 따라 달라지며 중량이 줄어들면 경제 고도는 높아진다. 즉, 항공기가 운항 중 연료를 소모하여 중량이 줄어들면 그에 따라 최대의 연비를 낼 수 있는 경제 고도가 높아지는 원리다. 조종사는 적절한 시기에 단계 상승(Step climbs)을 통해 연비 향상을 도모한다고 설명한다.

단계 상승은 비행기가 경제 고도보다 약 2,000피트까지 상승하여 수평 비행하는 것을 의미한다. 연료가 소모되고 무게가 감소함에 따라 경제 고도는 비행기의 현재 고도보다 다시 2,000피트 높은 지점까지 증가한다. 현대의 모든 제트기에는 비행관리시스템(FMS, Flight Management System)에 단계 상승 옵션이 있어서 조종사는 경로를 따라 상승을 계획하고 그에 따른 연료 소비 이점을 미리 확인할 수 있다고 소개한다.

연말과 새해를 미국에서 공부하는 아들과 함께 보내기 위해 12월 30일 뉴욕으로 향했다. 인천에서 뉴욕까지는 13시간을 비행하는 먼 길이지만 아들을 응원하러 가는 길은 기쁘다. 비행 중에 먹는 3번의 기내식은 시간 보내기에 좋다. 기내에서 먹는 음식은 대부분 맛있다. 나는 그렇다. 그런데 기내식이 맛없다고 느끼는 사람이 많다고 한다.

* wiki.ivao.aero/en/home/training/documentation/Optimum_altitude

(주)헤럴드 매거진 REAL FOODS(2019)가 독일 연구기관 프라운호퍼의 연구 결과를 인용하여 보도했다. 일정 고도의 기압에서는 미각이 일부 마비돼 단맛과 짠맛의 강도가 30% 정도 낮아져 많은 사람이 맛없다고 느낀단다. 기내식이 맛있다고 하는 것은 지상에서보다 간을 훨씬 달고 짜게 했을 것이라고 한다.

뉴욕에서 돌아오는 길은 더 멀다. 인천까지 15시간 5분 걸린다. 갈 때보다 2시간 5분이 더 걸린다. 중국에서 불어오는 편서풍을 마주하며 비행하기 때문에 비행시간이 더 길다. 지금은 항공기 제작 기술의 발달로 항공기의 항속거리가 늘어났다. A350-900ULR(Ultra Long Range)과 A350-1000 항공기는 비행 거리가 15,349km인 싱가포르-뉴욕 노선과 16,618km인 뉴욕-홍콩 노선을 직항 운항한다. 이들 항공기는 한 번에 16시간에서 18시간을 비행할 수 있다. 비행 거리가 11,115km인 뉴욕-인천 노선 역시 A350이 운항한다. 뉴욕에서 서울까지 한 번에 비행하지 못했던 1990년대 중반에는 항공기가 도중에 알래스카 앵커리지공항(ANC)에서 중간 기착해야 했다. 한 시간 정도 머물면서 재급유하고 다시 서울을 향해 비행했다.

새해 1월 4일 뉴욕에서 돌아오는 OZ221편은 JFK공항에서 11시 30분 출발했다. 나는 이륙 후 좌석 뒤 모니터의 에어쇼에 집중했다. 경제 고도 운항을 위한 단계 상승을 수행하는지 보기 위해서다. 모니터에는 이륙 후 순항 고도가 10,972m를 유지하는 것으로 나타났다. 그러다 비행시간 10시간 시점에 순항 고도가 11,582m로 변경되었다.

610m가 상승했다. 이는 순항 고도가 정확히 2,000피트 상승한 것이다. 연료가 소모되고 무게가 감소하면서 경제 고도가 현재 고도보다 2,000피트 높은 지점까지 상승한다는 단계 상승을 모니터에서 육안으로 직접 확인했다. 15시간 5분 비행 중 모니터에는 한 번의 단계 상승이 있었다. 아시아나항공 역시 뉴욕-인천 노선에서 단계 상승을 통한 경제 고도 운항을 수행하고 있었다.

에어버스 A320은 경제 고도보다 4,000피트 낮게 비행하면 약 5% 더 많은 연료를 소모하며, 경제 고도보다 8,000피트 아래로 비행하면 운항 연료 대비 10% 이상 연료를 더 소모한다고 한다. 보잉 B747은 일반적으로 1년 동안 약 34,000톤의 연료를 사용하는데 항공기가 순항 중에 단계 상승하지 않고 일정 고도를 유지하면 항공기는 경제 고도로 비행하는 것에 비해 연료 소모가 10% 증가한다고 한다. 이는 B747을 운항하는 조종사가 경제 고도로 비행하면 연간 3,400톤의 연료를 절감한다는 의미다. 일반 상업용 항공기의 경제 고도 운항이 회사의 수익성에 얼마나 중요한지 알 수 있는 대목이다.

대한항공이 비상경영의 일환으로 조종사의 경제 고도 운항을 촉구하고 나선 것은 회사의 수익성 개선에 실질적으로 유효한 결정이었다.

연료 소모 6단계

항공사의 비용 항목 중 가장 큰 부분을 차지하는 것이 유류비다. 국제항공운송협회(IATA)*는 매년 회원사의 비용 항목 데이터를 집계하여 이를 발표한다. IATA가 전 세계 120개국 302개 회원사 중에 자료를 제출한 회원사를 중심으로 비용실적을 집계했다. 109개국이 자료를 제출한 2019년은 유류비가 회원사 전체 비용의 24.7%를 차지했다. 126개국이 자료를 제출한 2018년은 유류비가 25.2%를 차지했다. IATA 회원사의 비용 항목 중 유류비가 전체 비용의 약 25%를 차지했다. 항공사로서는 유류비가 가장 중요한 비용 관리 항목이다.

오랜 시간 팬데믹으로 억눌렸던 해외여행이라 답답한 일상에서 벗어나는 해방감은 전과 다르다. 들뜬 기대감으로 일찍부터 탑승게이트 앞에 줄을 섰다. 탑승권을 스캔하고 에스컬레이터를 타고 내려가 에어 브릿지(탑승교)를 통해 기내에 탑승한다. 백팩(Backpack)을 머리 위 짐칸(Overhead bin)에 넣고 추가 비용으로 예약한 앞쪽 창가 좌석을 찾아 앉는다. 탑승 게이트를 떠나 활주로에서 이륙 대기 중이던 항공기가 관제탑으로부터 이륙 허가를 받고 전속력으로 엔진을 추진하며 달린다. 안전벨트를 매고 좌석의 양 팔걸이를 꽉 잡고 앉아 있으면 자기의 몸이 뒤로 쏠리는 느낌을 받는다. 순간 우리는 엔진의 굉음 소

---

* International Air Transport Association: 1945년 4월 19일 설립한 세계 항공사 간 최고의 협력 기구이며 쿠바의 하바나에 본사가 있다. 1945년 31개국 57개 회원사에서 120개국 302개 회원사로 성장했다.

리에 제압된 경험이 있다. 전속력으로 엔진을 가동하여 양력으로 무거운 항공기를 들어 올리며 상승고도로 진입한다. 활주로를 전속력으로 달리는 이륙의 순간에서 연료가 가장 집약적으로 소모되는 것은 아닐까?

OAG(Official Aviation Guide of the Airways)는 공항, 항공사, 여행 기술 업체의 디지털 운항 정보와 분석 정보를 제공하는 선도적 업체다. OAG(2022)* 연구실이 비행 중 연료 소모에 관한 모형을 구축하고 특정일의 운항 항공편들을 대상으로 비행의 어떤 요소가 연료를 가장 많이 소모하는지 조사했다. 2022년 1월 28일 하루 동안 런던 히드로공항을 출발하여 일련의 목적지를 향하는 항공편 중에, 서로 다른 항공사가, 서로 다른 기종으로, 서로 다른 운항 거리를 운항하는 10편의 항공편을 선정하여 조사했다. OAG의 조사 결과다:

가장 단거리 비행으로는 에어프랑스가 A319 항공기를 이용하여 런던-파리 구간 348km를 1시간 20분 동안 운항한 항공편을 선정했다. 가장 장거리 비행으로는 케세이퍼시픽항공이 A350 항공기를 이용하여 런던-홍콩 구간 9,648km를 12시간 동안 운항하는 항공편을 선택했다. 다른 항공편의 목적지로는 아테네, 두바이, 에딘버러, 제네바, 헬싱키, 리스본, 마드리드, 뉴욕을 포함한다. 연구모형은 비행 중 연료 소모를 다음의 6가지 단계로 구분했다:

---

* oag.com/blog/which-part-flight-uses-most-fuel

· 택싱[*](출발)-이륙-고도 상승-순항-하강-택싱(도착)

비행 거리가 짧을수록 비행 중 순항 이외의 요소가 전체 연료 사용에서 차지하는 비중이 커진다. 모든 비행에서 비행 거리에 상관없이 이륙에 소모되는 연료는 전체 연료 사용에서 비교적 작은 부분을 차지한다고 한다.

최장거리 비행인 런던-홍콩은 순항에서 전체 연료 소모량의 96%를 사용하였다. 런던-두바이의 경우 순항에 연료 소모량의 95%를 사용하여 거의 같은 비율로 소모했다. 다른 목적지의 비행을 보면, 전체 연료 소모에서 순항이 차지하는 비율은 런던-파리가 62%, 런던-에딘버러가 68%다. 서로 다른 10편의 항공편이 모두 순항 단계에서 소모하는 연료의 비중이 가장 높은 것으로 나타났다.

연료를 가장 많이 소모한 노선은 최장거리인 런던-홍콩이 아니라 런던-두바이다. 운항 거리가 짧은 노선이 운항 거리가 긴 노선보다 연료를 더 많이 소모한 것으로 나타났다. 두바이 노선은 A380을 운항하는 것이 그 이유다. A380의 최대이륙중량(MTOW, Maximum Take-Off Weight)은 575톤이다. 런던-뉴욕 구간 B777의 최대이륙중량(247~299톤)에 비해 2배가 무겁다. 런던-홍콩 구간 A350의 최대이륙중량(283~319톤)에 비해서도 역시 2배 가까이 무겁다.

---

[*] Taxing: 항공기가 자체 동력을 이용하여 이륙을 위해 주기장에서 활주로까지 이동하거나 혹은 항공기가 착륙 후 승객 하기를 위해 활주로에서 주기장까지 이동하는 것을 말한다.

런던-두바이 노선의 운항 거리는 5,470km이고 런던-홍콩 노선의 운항 거리는 9,648km이다. 두바이 노선의 운항 거리가 홍콩 노선의 57%에 지나지 않지만 두 노선 전체 여정의 연료 소모량을 비교하면 운항 거리가 더 짧은 런던-두바이 노선의 연료 소모가 훨씬 더 많다. 항공기의 중량이 비행 중 연료 소모에 영향을 미치므로 A380의 km당 연료 효율성은 A350 대비 낮다.

다만, A380은 더 많은 승객을 수송할 수 있으므로 탑승률(Load factor)*이 증가하면 연료 효율성이 개선되는 특징이 있다. A380은 km당 14리터의 연료를 소모하고 A350은 km당 6리터를 소모한다. 운항 거리당 연료 소모량은 A380이 A350의 2배가 넘는다. 이를 좌석당 연료 소모로 비교하면, A380은 좌석당 160리터를 소모하고 A350은 좌석당 200리터를 소모한다. A380은 좌석 수가 많아 연료 소모량을 좌석당 분산하면 단위 좌석당 연료 소모량이 낮아지는 효과가 있다. 그래서 A380은 A350 대비 좌석당 연료 효율성은 20%가 높다. A380의 경우 탑승률이 증가하여 만석에 가까워질수록 A350보다 좌석당 연료 효율성을 개선할 수 있다. A380과 같이 좌석이 많은 항공기는 탑승률에 따라 연료 효율성에 그 진가를 발휘한다.

연료 소모량 데이터에 따르면, 연료의 2~17%는 출발 및 도착 택싱 활동에서 소모된다. 택싱은 비행 거리가 짧을수록 더 많은 연료 소모 비중을 차지한다. 많은 항공사와 공항은 항공기가 주기장에 있는 동

---

* 특정 항공편의 판매 좌석 수를 전체 좌석 수로 나눈 것을 탑승률이라 한다.

안 불필요하게 연료를 소모하는 대신 터그(Tug)*를 이용하여 항공기를 이동한다. 그리고, 점점 항공기는 전기모터를 장착하는데 이는 주기장 이동을 위해 지상 기반의 전원을 사용할 수 있다는 것을 의미한다. 택싱에 항공연료를 사용하지 않는 것은 많은 이점이 있다. 그것은 비용뿐만이 아니라 엔진의 마모와 지상 근무자의 건강과 안전에도 유익하다고 OAG는 소개한다.

　나는 2016년부터 2년 동안 김포공항으로 출근했다. 사무실이 김포공항 보세구역 내에 있으니 출입 시에 공항청사에서 보안검색을 받고 램프(Ramp)**로 진입해야 한다. 아침 7시 10분경 김포공항 1층 도착장 옆 검색대를 통과해서 램프 안 사무실까지 도보로 이동하노라면 항공기와 차량의 엔진 가동으로 연료 타는 냄새가 코를 찌른다. 숨을 쉴 수가 없다. 호흡을 멈추고 걷노라면 걸음이 저절로 빨라진다. 대체 연료를 도입하거나 지상 전력을 사용하여 공항의 대기 오염을 줄여야겠다.

---

* 주기장에서 항공기를 뒤로 밀거나 또 항공기 이동을 위해 견인할 때 사용하는 차량
** 공항 내 항공기 주기 지역을 램프라 한다.

여름(夏):

아시아나항공의 사랑

색동날개의 이륙

우리나라는 1987년 국제·국내 항공수송 수가 처음으로 1천만 명을 넘어섰다. 국제선이 546만 명이고 국내선이 510만 명이었다. 이듬해인 1988년은 서울올림픽이 예정되어 국내·외 항공 수요가 증가할 것으로 예상되었다. 정부는 대한항공 민영화(1969년 3월 1일) 이후 19년간의 대한항공 독점체제를 마감하고 1988년 국적항공사 복수 경쟁체제 도입을 결정했다.

국민소득의 증가, 교역량 증대, 1988년 서울올림픽, 1989년 1월 1일의 해외여행 자유화 조치 등 경제적, 사회적 상황이 항공 수요 성장을 예고했다. 외항사들의 국내 항공시장 잠식에 대한 우려도 팽배했다. 우리 정부는 대책 마련이 시급했다.

1988년 2월 12일 정부는 금호그룹에 제2 민항을 허가했다. 제5 공화국이 막을 내리기 불과 13일 전이었다. 금호그룹이 제2 민항으로 선정될 줄은 아무도 예상하지 못했다. 일각에서는 전두환의 제5 공화국이 1980년 5·18 광주민주화항쟁을 무력 진압한 것에 대한 보상이었을 것이라고 말한다. 금호그룹이 광주를 대표하는 기업이었으니 그럴 수도 있겠다 싶다. "교통부는 제2 민항 선정에 있어서 자본력이 있고 운송사업 경험이 많은 업체로 하되 대재벌은 제외한다는 선정 기준에 따라 금호그룹으로 결정했다."*

아시아나항공은 보잉사의 B737-400 1호기를 도입하여 1988년 12월 23일 서울-부산 노선과 서울-광주 노선에 취항했다. 국내선 취항을 시작으로 복수 항공사 경쟁 시대는 막이 올랐다. 국내선 취항 초기 서울-부산 항공편에 승객 3명을 태우고도 기뻤다. 주기장을 빠져나가는 항공기를 향해 우리는 나란히 서서 손을 흔들었다. 가벼운 비가 날리고 안경은 젖었지만 개의치 않았다. 승객보다 승무원이 많았지만 너도나도 가슴 벅찼다.

젊은 나의 김포공항 스케치

나는 1988년 12월 4일 금호그룹 공채 1기로 입사했다. 입사서류 제출 마감일이 언제인 줄도 모르고 다니던 친구 송성모는 내 전화를 받고 마감일에서야 부랴부랴 서류를 제출했다, 그나 나나 지금처럼 입

사 경쟁이 치열했으면 십중팔구 떨어졌을 것이다. 그랬으면 지금쯤 나는 긴 머리에 노래를 짓거나 글을 쓰고 있을 것이고, 그는 영등포나 종로에서 작지 않은 규모의 호프집을 하며 어릴 적 시골 친구들과 어울리고 있을 것이다. 다행히 우리는 입사를 했다. 나란히 어깨동무하고 용산 데이콤센터에서 항공 예약·운송 관련 여객 서비스 시스템(Passenger Service System) 교육을 받았다. 우리 둘은 교육장 바로 옆 월 15만 원짜리 하숙집에서 교육장을 왔다 갔다 하며 신입의 꿈을 키웠다. 4주 교육을 마치고 이듬해 1월 그룹 입사 동기 200명 중 66명이 아시아나항공에 배치되었다. 나는 고교 후배인 윤상봉, 필리핀에서 유학한 박성한, 그리고 훗날 중국 지점장 근무 중에 괴한의 공격을 받은 김강타 등과 함께 김포공항 여객 운송업무에 투입되었다. 일손이 부족해 우리는 열렬한 환영을 받으며 김포공항에 입성했다.

공항의 운송업무는 발권, 체크인, 출발, 도착 카운터 업무로 구분한다. 발권 카운터는 항공사의 시내 발권사무소(Ticketing office)나 대리점의 발권과는 달리 할인 가격을 적용하지 않는다. IATA 공시가격(Published fare)을 일괄 적용한다. 공시가격이란 국제항공운송협회인 IATA가 공시하는 운임으로 정상운임(Normal fare)이라고도 한다. IATA는 특정 양 도시를 운항하는 정기 항공 노선에 이러한 표준운임을 책정하고 세계 항공사에 동일하게 적용한다. 이 공시가격은 높게 책정되어 있어서 항공사는 자체적으로 할인율을 적용하여 시장의 경쟁상황에 맞는 판매가격을 운영한다. 그러나 공항의 발권 카운터는

IATA의 공시가격으로만 판매한다. 지금이야 여행자가 어디에 있든지 모바일을 통해 싼 가격을 찾아 항공권을 구매할 수 있다. 인터넷 기술이 발달하지 못한 그때는 실물 항공권을 구매해서 공항에 와야 했다. 국제선의 경우 시내에서 할인 가격으로 항공권을 구매하지 않고 공항에 나오면 공항에서 두 배, 세 배 더 비싼 공시가격을 지불해야 했다.

체크인 카운터는 승객의 탑승수속을 지원하는 업무를 수행한다. 공항에서 승객과 직원이 가장 먼저 만나는 접점이며 '공항의 꽃'으로 불린다. 회사는 용모 단정하고 상냥한 직원을 체크인 카운터에 배치한다. 이곳은 여행 서류를 확인하며 승객의 좌석을 배정하고 탑승권(Boarding pass)을 발급한다. 그리고, 수하물 추적이 가능한 짐표(Bag tag)를 프린트하여 승객의 수하물에 부착한다. 예전에는 조업사 직원이 짐표의 목적지를 육안으로 확인하여 목적지 분류 작업을 수행했지만 이미 오래전부터 짐표에 RFID(Radio Frequency Identification)* 기술을 적용하여 무선 주파수를 통해 수하물의 목적지를 식별하고 분류한다. 탁송 수하물의 분실과 배송 오류가 대폭 감소했다. 분실의 경우에도 수하물의 빠른 위치 추적이 가능해 신속한 처리가 이루어진다.

운송시스템과 보안 기술의 발달로 비대면 탑승수속이 진화하고 있다. 델타항공의 애틀랜타공항을 예로 들면, 승객은 항공사 앱을 통해 체크인을 완료하고 공항의 키오스크(Kiosk)에서 안면인식(Facial

---

* 태그(Tag)와 판독기(Reader)로 구성된 무선 시스템을 말한다. 판독기는 전파를 방출해서 태그로부터 신호를 다시 수신한다.

scan)을 통해 짐표를 프린트한다. 키오스크에서 뽑은 짐표를 수하물에 부착하고 옆에 있는 컨베이어벨트(Conveyer belt)에 올려놓는다. 예전에 체크인 카운터에서 직원과의 접촉을 통해 처리했던 체크인(좌석 배정)과 수하물 탁송은 비대면 환경으로 전환해가는 과정이다. 코로나19로 전환이 빨라졌다.

출발 카운터는 탑승수속과 보안 수속을 마치고 출발 라운지에 입장한 승객의 게이트 탑승을 지원한다. 이들은 항공기의 정시운항(On-time operation)을 위해 최선을 다한다. 정시운항실적(OTP, On-Time Performance)은 스카이트랙스(Skytrax)와 같은 항공사 서비스 평가기관이 매년 항공사를 평가할 때 사용하는 중요한 지표 중 하나다.

항공기가 착륙하여 게이트로 들어오면 출발 직원은 브릿지라고 부르는 이동식 탑승교로 이동한다. 도착 항공기가 램프 직원의 항공기 유도 수신호에 따라 정위치에 주기하면 공항공사 직원은 브릿지를 조작하여 항공기 도어 쪽으로 밀착시킨다. 브릿지가 항공기 도어 쪽에 고정되면 출발 직원은 항공기 출입구의 조그만 타원형 윈도우를 통해 안쪽에서 밖을 주시하고 있는 객실 승무원에게 엄지를 들어 문을 열어도 좋다는 사인을 보낸다. 예전에는 기종에 따라 기내 안쪽에서 승무원이 문을 열어도 좋다는 신호를 보내면 출발 직원이 밖에서 문을 열었다. 도착편 승객들이 하기하면 항공기 급유, 기내 청소, 케이터링 및 기내 물품 보급, 조종사의 비행 전 점검을 완료하고 객실 승무원은 탑승해도 좋다는 사인을 게이트 출발 직원에게 전달한다. 출발 직원은 탑승 방송과 함께 승객 탑승을 시작한다.

나는 1990년 7월 김포공항 국제선 체크인 카운터에 근무했다. 서울과 미국 디트로이트를 운항하는 노스웨스트항공 NW030편의 운송 서비스업무를 우리가 대행했다. 운항 요일에 따라 도쿄를 경유하기도 하고 디트로이트로 직항하기도 했지만 대부분 운항편이 만석이었다. 매 편마다 미군 군속이 적게는 30명 많게는 60명 정도 탑승했던 것으로 기억한다.

B747 대형 항공기가 해당 노선을 운항했다. 퍼스트 클래스 12석을 포함하여 전체 공급석이 420석이며 이코노미 좌석 배열은 3-4-3으로 이루어졌다. B747은 항공기의 전반부가 2층 구조로 되어 있어서 공항에서 쉽게 눈에 띈다. 높이가 19.3m로 6층 건물에 해당하고 길이 70m에 폭이 60m로 최대 490명의 승객과 25톤의 화물을 적재한다. 2007년 상업 비행을 시작한 초대형 항공기 A380이 출현하기 전까지는 지구상에 가장 큰 항공기였다.

보잉사는 B747을 당초 화물기로 개발하고 있었다. 조종실을 2층에 두고 화물기 컨셉트로 개발하던 중에 보잉은 여객기 개발로 선회했다. 1960년대 중·후반 대량 수송 시대가 도래할 것을 예측한 팬암(Pan Am)이 보잉사에 초대형 항공기 개발을 요청했다. 세계 항공수요가 연평균 20% 넘게 성장한 것도 원인이었다. 증가하는 항공수요를 소화하는 방법은 두 가지다. 하나는 항공기의 운항 횟수를 늘리는 것이다. 다른 하나는 항공기의 공급력을 대형화하는 것이다. 전자는 항로 및 공항의 번잡 상황을 초래하므로 항공기를 대형화하는 것에 모두의 공감대가 있었다.

NW030편의 탑승을 시작할 때면 400여 명의 승객이 탑승구 앞에 긴 줄을 만든다. 항공기가 만석이라면 직원은 탑승구에서 420명의 탑승권을 절취한다. 게이트에는 숙련된 직원을 배정하며 이들은 몇 가지 일을 동시에 한다. 먼저 탑승권 상의 편명과 목적지를 확인하여 부주의한 승객의 오탑승을 막는다. 가끔 확인하지 못해 손님을 잘못 태우는 경우가 있다. 이륙하기 전에 기내에서 오탑승 승객을 발견하면 그나마 다행이다. 이를 발견하지 못하고 목적지까지 가게 되면 항공기 도착 후에 입국하지 못하고 같은 항공편으로 돌아와야 한다. 이를 디포티(Deportee)*라 한다. 항공사는 이로 인해 목적지 국가로부터 벌금을 부과받기 때문에 담당 직원은 신경을 쓰지 않을 수 없다.

목적지와 편명을 확인하는 것 이외에도 탑승권을 절취하여 매 50장이 되면 가슴 높이의 옆 테이블에 올려놓는다. 탑승 완료 시점에 탑승권 숫자를 세는데 시간을 절약하기 위해서다. 한 가지가 또 있다.

"안녕하십니까. 즐거운 여행 되십시오."

"감사합니다. 안녕히 가십시오."

스스로 하기 편한 인사말을 정해 고객에게 건넨다. 탑승권 회수에 한 사람당 3초가 걸린다고 가정하면 420명 탑승에 21분이 걸린다. 뜯어도 뜯어도 끝이 없다. 우리는 탑승권을 뜯는다고 표현했다. 고도의

---

* 입국 거절 승객을 말한다.

집중력으로 탑승권을 뜯으며 세 가지 일을 동시에 하니 탑승이 끝나면 기진맥진할 수밖에 없다. 지금은 디지털 기술의 발달로 모든 것이 수월해졌다.

항공기 탑승 마감 시점에 항공기 출발에 필요한 서류 GD(General Declaration)를 공항 승기실*에 한 부 제출하여 항공기 출항 승인을 받고 또 한 부는 도착지 공항 제출을 위해 승무원에게 전달한다. GD는 항공기의 국적 등록, 편명, 출·도착 공항, 승무원 숫자 및 명단, 탑승객 숫자 및 명단, 화물 적하 목록, 항공기 총중량 등을 내용으로 한다.

승객 탑승을 완료하면 항공기 도어를 닫고 브릿지를 항공기로부터 뗀 후 항공기를 푸시·백(Puch back)한다. 직원은 손에 든 워키토키의 주파수를 운항관리센터로 맞춘다. 항공기 도어 클로스 시간과 푸시·백 시간을 통보하고 이를 기록으로 유지한다.

출발 업무 역시 비대면으로 진화하고 있다. 비대면으로 수하물을 탁송한 승객은 동선을 고려하여 컨베이어벨트에서 가장 근거리에 위치한 보안검색대로 이동한다. 승객은 보안검색대에 설치된 카메라의 안면인식을 통해 출발 라운지로 입장한다. 탑승 역시 탑승 게이트에 마련된 카메라의 안면인식을 통해 항공기에 탑승한다. 공항의 모든 접점에서 승객은 실물 탑승권이나 ID를 제시할 필요가 없는 환경으로 진화하고 있다.

항공 여행의 마지막 단계에 있는 도착 카운터는 승객의 수하물로

---

* 공항에서 항공기의 입·출항 허가 및 그 기록을 관리하는 부서

발생하는 비정상 상황이나 여행 중에 발생한 고객의 애로사항을 접수하고 처리하는 승객의 최종 접점이다. 기내에 물건을 두고 내렸다고 접촉하는 경우가 많다. 안경, 책, 지갑, 고급 볼펜, 카메라 등 물품도 다양하다. 항공사에서는 그것을 손님이 놓고 갔다고 하여 LB(Left Behind) 아이템으로 관리한다.

1989년과 1990년 상반기 김포공항 국내선에서 근무하던 18개월 동안 나는 숙직을 참 많이 했다. 김포공항 국내선은 오전 근무조와 오후 근무조의 2교대로 운영했다. 오후 근무조에서 남자 직원들이 번갈아 가며 공항 내 총괄사무실에서 매일 저녁 숙직을 했다. 그때는 지금처럼 보안시스템이 완벽하지 못했다. 순번이 되어 숙직을 서던 날 사무실을 둘러보니 공항 운송시스템과 운항 관련 책들이 많았다. 입사 당시 받았던 4주 교육이나 공항에 배치되어 받은 OJT*에서는 접하지 못했던 호기심 가는 내용이 많았다. 시간 가는 줄 모르고 하나하나 보다가 뜬눈으로 날을 새고도 피곤한 줄 몰랐다.

한 달에 한두 번 정도 오는 숙직 순번을 기다리기가 지루했다. 오후 근무일 때는 특별한 일이 없으면 당일 숙직자를 집에 보내고 대신 숙직을 섰다. 숙직은 회사에서 숙직비를 주거나 하는 초과근무 개념이 없었기 때문에 숙직자들은 나의 이러한 선행(?)에 고마워했다. 나는 총괄사무실에서 숙직하는 날이 늘어나면서 항공 업무에 대한 내공도 하루하루 쌓여 갔다.

---

* On the Job Training(OJT): 현장에서 이루어지는 훈련 및 교육의 한 형태다.

나는 레벨(Level) 카운터 업무를 보았다. 레벨 카운터 업무란 그 단어가 주는 의미 그대로 항공편의 예약자 수와 체크인 수의 균형을 유지하여 탑승률을 최적화하는 것이다. 예약자가 공항에 나와 체크인하는 시간대별 체크인 상황, 예약하고 공항에 나오지 않는 노쇼(No-show) 승객이 얼마나 될 것인지의 예측, 예약하지 않고 공항에 나와 좌석을 요구하는 고쇼(Go-show) 승객의 처리, 그리고 웨이트·앤·밸런스 시트(Weight & Balance Sheet)의 작성 등 항공기 탑승률을 높이는 동시에 안전 운항에 필요한 서류 작성 등 업무가 이에 속한다.

나는 출근을 위해 공항청사에 들어설 때면 바깥과는 다른 온도의 공기가 온몸에 부딪히는 느낌이 좋았다. 겨울은 겨울대로, 여름은 여름대로. 문을 통해 물리적으로 구분된 두 개의 서로 다른 공간이 연결되는 느낌이다. 닥터 스트레인지가 원형 문(Portal)을 통해 순간적으로 공간 이동하는 것처럼.

레벨 카운터는 아시아나항공 체크인 카운터의 맨 오른쪽에 있다. 그 옆 통로로 들어가면 총괄사무실이 있다. 나는 총괄사무실에서 레벨 카운터로 나가기 전에 항상 기도부터 한다.

"오늘 하루도 문제없이 잘 마무리할 수 있게 하소서!"

그 기도 덕분에 나는 레벨 업무를 보는 동안 한 번의 사고도 없었다. 국내선에 하루 18편 정도 운항하던 호랑이 담배 피던 시절의 이야기다. 오후 근무조로 레벨 카운터에 올라가 마지막 제주행 항공편까지 전 편을 176석 만석으로 보낸 공항 최초의 기록을 갖게 되었다.

그날, 마지막 한 편을 남겨두고 공항 지점장부터 그 아래 관리자의 모든 시선은 내게 집중되어 있었다. 그 한 편만 만석으로 나가면 하루 전편 만석이라는 공항 최초의 역사를 쓰기 때문이다. 일요일 제주 마지막 항공편은 보통 신혼부부가 많다. 이들은 종종 카운터에 늦게 나타나는 경우가 있어서 체크인 컨트롤하기가 여간 어렵지 않다. 당일 마지막 편의 예약상황은 좌석이 남아 있는 상태였다. 예약하지 않고 공항에 나온 고쇼 승객을 흡수해야 만석으로 보낼 수 있는 상황이었다. 그렇다고 무작정 고쇼 승객을 받을 수는 없다. 혹시라도 예약한 신혼부부가 탑승하지 못한 사례가 발생하면 낭패다. 어쨌든 나는 마지막 항공편을 만석으로 채워 보냈다. 카운터 담당 신 과장이 내게 엄지를 치켜세우며 씨익 웃는다. 별일은 아니지만 기분 좋은, 그리고 집중하지 않으면 이루기 힘든 공항 최초의 역사를 쓰게 되었다.

레벨은 레벨 카운터의 컴퓨터 하나로 체크인 카운터에 있는 모든 컴퓨터와 건너편 발권 카운터의 컴퓨터, 그리고 출발 라운지에 있는 컴퓨터까지 통제한다. 각 항공편의 예약자 수와 체크인 수를 실시간으로 확인한다. 시간의 흐름과 함께 아직 체크인하지 않은 예약자 수와 잔여 좌석 수를 확인한다. 예약 없이 나온 고쇼 승객을 각 카운터에서 체크인할 수 있도록 노렉(NO-REC, No Record)* 체크인 기능을 활성화한다. 그러다 체크인 수가 증가하면 다시 노렉 체크인 기능을

---

* 예약을 하지 않아 체크인 시스템에 예약 기록이 없는 것을 줄여서 No-Rec이라고 한다.

막는 작업을 반복한다. 예약자가 카운터에 나와 체크인하는 숫자와 예약 없이 카운터에 나와 체크인 한 숫자를 시간 경과와 함께 균형을 맞추며 탑승율을 최적화한다.

예를 들어, 176석의 B737 항공편에 190명이 예약되어 있다. 출발시간 40분 전에 예약 없이 건너편 발권 카운터에 고쇼 승객 3명이 나타났다. 레벨은 그 두 사람을 출발시간 15분 전까지 25분 동안 대기하게 할 것인지 아니면 즉시 좌석을 주든지 결정해야 한다. 대기하게 하면 이 두 사람은 대한항공 카운터로 간다. 바로 좌석을 주면 기존 예약자들이 다 나오는 경우 예약자가 탑승하지 못하는 사태가 발생한다. 공항에서 소란을 일으킬 소지가 있다. 여러분이 레벨이라면 어떻게 할 것인가? 대한항공으로 갈 가능성을 감수하고 대기하도록 안내할 것인가? 아니면 위험을 무릅쓰고 즉시 자리를 줘서 매출로 연결할 것인가? 전자는 안정적 성향의 레벨로서 문제를 일으킬 소지는 없으나 항공기가 비어 갈 가능성이 있다. 후자는 도전적 성향의 레벨로서 항공기는 만석으로 채울 수 있으나 탑승하지 못한 예약자가 나타나 소란을 피울 수 있다. 여러분이 레벨이라면 어느 선택을 할 것인가?

지금은 예약자의 사전 발권과 예약 취소 절차 등 선진화한 예약문화를 정착했다. 그러지 못한 과거에는 노쇼가 많았고 으레 그러려니 했다. 그래서 예약 관리부서는 좌석 유실을 막기 위해 항상 초과예약을 하는 것이 관례였다. 이러한 높은 노쇼는 항공기가 비어 갈 가능성을 높인다. 레벨은 예약 없이 공항에 나온 고쇼 승객을 적절히 흡수하여 항공기가 비어 갈 가능성을 차단한다. 또 지나친 고쇼 처리로 예약자가 탑승하지 못하는 일이 발생하지 않도록 고도의 고쇼 처리 역량을 발휘한다.

레벨은 노쇼, 고쇼를 적절히 관리하여 매 항공편의 탑승률 향상에 기여하는 것 이외에도, 웨이트·앤·밸런스 시트(W&B Sheet)라고 하는 항공기의 무게 중심 도면을 출력하여 기장에게 전달한다. 초기에는 체크인 카운터에서 출력하여 카운터 직원이 항공기로 달려가 기장에게 전달했다. 나중에는 출발 카운터 프린터로 전송하면 출발 직원이 이를 기장에게 전달하도록 시스템을 개선했다. 정시운항을 위해 시간을 단축했다. 칵핏(Cockpit)˚에서 운항 준비를 하는 기장은 이 W&B Sheet를 받아 항공기의 적재 현황을 확인하고 서명한 후 한 부를 직원에게 전달한다.

W&B Sheet는 승객, 화물, 항공유 등의 적재 현황과 항공기 중량 등 항공기 운항과 관련한 정보를 담고 있으며 항공기의 무게 중심(CG, Center of Gravity)이 정상범위 안에 들어와 있는 것을 보여 준다. Airbus Safety First(2023)에 따르면, National Aerospace Laboratory 가 1997년부터 2004년까지 Weight & Balance와 관련된 항공기 사고를 조사했다. 그중 21%는 초과 중량(Overweight)이 원인이었고 35%는 CG가 허용 범위를 벗어난 것이 원인이었다. 레벨이 수행하는 W&B Sheet 작성은 항공기 안전 운항에 중요한 업무다.

---

* 조종실을 말한다.

체크인 카운터 직원이 카운터에 나온 승객의 요구에 따라 창 (Window) 또는 통로(Aisle)의 명령어를 입력하면 컴퓨터가 항공기의 CG를 계산하여 자동으로 좌석을 배정한다. 직원이 좌석번호를 지정하여 탑승권을 출력하는 경우가 아니라면, 컴퓨터가 입력된 명령어에 따라 먼저 온 사람에게 앞쪽 창가 좌석을 배정했으면 다음에 온 사람은 컴퓨터가 CG를 자동으로 계산하여 뒤쪽 창가를 배정한다. 혹시라도 예전에 체크인 카운터에서 맨 뒤의 좌석을 받고 속상하신 분이 계셨다면 이제는 화를 푸시라고 말씀드린다. 그것은 직원이 미워서 그런 것이 아니다. 컴퓨터가 그렇게 했다.

항공기 마감 시점에 모든 카운터의 체크인을 종료하고 W&B Sheet를 출력하는데 간혹 출력이 안 되는 경우가 있다. 이때는 항공기 출발 시간에 쫓겨 긴장감에 심장 박동이 빨라진다. 컴퓨터로 일부 승객의 좌석을 옮기거나 수하물의 적재 위치를 바꾸면 항공기의 CG가 정상 범위 안에 들어온다. 이렇게 하면 대부분 W&B Sheet의 출력이 가능해진다. 그런데 승객과 수하물의 적재 위치를 변경해도 CG가 정상범위 안에 들어오지 않아 W&B Sheet가 출력되지 않는다면 어떻게 할 것인가?

나는 숙직 중에 항공기 운항 관련 서적을 공부하다가 항공편에 입력된 데이터를 리셋(Reset)하는 엔트리를 숙지했다. 여객 및 화물, 급유 등 항공기 운항과 관련한 적재 데이터를 각 부문은 컴퓨터에 형성된 해당 항공편에 입력한다. 내가 공부한 서적에서는 에러 발생 시 리셋 엔트리를 사용하여 항공편을 기본 데이터로 재구성하도록 안내한다. 나는 이 운항 관련 엔트리가 내가 속한 여객 운송시스템에서는 사용하지 않는 것이므로 알아야 할 필요는 없었다. 그런데 호기심에 암기하고 있었다.

1990년 상반기 어느 하루 김포-광주행 항공편이었던 것으로 기억한다. 항공기 체크인 마감 시점이 되었다. 나는 각 체크인 카운터에 해당 항공편의 체크인을 종료한다고 통보하고 마감 작업에 돌입했다. 체크인 데이터의 업로드를 완료하고 W&B Sheet 출력을 시도하는데 모니터에 항공기의 CG가 빠진 것으로 메시지가 떴다. 승객과 수하물의 위치를 약간 조정하면 W&B Sheet를 출력할 수 있었는데 아무리해도 계속 'Out of CG' 메시지가 떴다. 긴장감은 더해 가고 항공기 출발시간이 다가오니 심장 박동이 예사롭지 않다. 주위에서는 내가 신속히 해결하기만을 기다리고 있었다. 나는 정 안되면 종이 도면을 가져다가 매뉴얼로 그려야겠다고 마음먹었다. 그전에 숙직하며 공부했던 리셋 엔트리를 먼저 사용해보기로 했다. 나는 빠른 손놀림으로 키보드를 두드려 항공편을 리셋하고 여객 및 수하물 데이터를 신속하게 다시 업로드했다. 항공편 마감 작업을 성공적으로 마무리한 후 W&B Sheet를 출력하여 기장에게 전달하고 항공기를 정시에 출발시켰다.

나는 뿌듯했다. 목에 힘도 들어갔다. 숙직하며 남모르게 공부했던 것이 이렇게 도움이 될 줄은 꿈에도 몰랐다. 나는 내가 좋았다. 나는 그날도 숙직 직원을 집에 보내고 대신 숙직하면서 어느 때보다 더욱 향학열에 불타 서적을 뒤적이고 있었다. 뭔가 큰일을 했다는 성취감에 취해 있었다. 저녁 늦은 시간에 운항관리실에서 전화가 걸려왔다. 내용인즉슨, 오늘 서울-광주 항공편에 항공유 3,000파운드(LBS)를 추가로 실었는데 컴퓨터에 누락되었다, 혹시 이 사항에 대해 알고 있느냐고 물어왔다. 순간 나는 불길한 생각이 들었지만 레벨 업무 중에 W&B Sheet가 출력되지 않아 리셋했다는 이야기를 망설임 없이 했다. 그는 자신들이 원인을 찾고 있었는데 솔직하게 대답해 주어서 고맙다는 말과 함께 한마디 덧붙였다. 자신들이 경위를 더 파악하고 혹시 내게 책임소재를 물을 수 있으니 마음의 준비를 하고 있으면 좋겠다며 고맙다는 인사를 남겼다. 동시에 나의 소속과 성명을 받아 적고는 전화를 끊었다. 나는 책임을 물을 수 있다는 그 말은 두렵지 않았다. 별다른 일은 없어야 한다는 생각뿐이었다. 이후 아무런 연락도 없었다.

자초지종은 이렇다. 모든 항공편은 운항 목적지에 따라 기본 데이터가 내장되어 있다. 예를 들면, 서울-광주 항공편은 항공유가 기본적으로 14,400파운드(LBS)가 세팅되어 있다. 지상조업사는 기장의 별도 요청이 없으면 목적지별로 세팅된 기본 급유량만 급유한다. 기장은 도착지 공항인 광주의 기상 상태를 확인하고 항공유를 3,000LBS 더 급유하도록 사전 요청했고 그에 따라 항공유를 총 17,400LBS를 실은 것이다. 그런데 항공기 마감 시점에 W&B Sheet를 출력할 수 없어 항공편을 리셋하였고 추가 급유한 3,000LBS의 항공유가 컴퓨터에 누락되고 말았다. 나는 컴퓨터에서 항공편을 리셋하면서 추가 급유한 항공유에 대해서는 알고 있지 못해 후속 입력 조치를 하지 못했다.

추가 급유한 3,000LBS의 항공유가 누락된 W&B Sheet를 받아 본 기장은 자기가 3,000LBS를 더 싣도록 요청을 했는데 서류상 반영이 되어 있질 않으니 의아했을 것이다. 기장은 광주 비행을 마치고 돌아와 그가 요청한 대로 3,000LBS가 추가로 급유된 사실을 확인하였다. 운항관리실은 실제로 급유한 사실을 확인하고 W&B Sheet상에 누락된 사유를 찾다가 저녁 늦게 총괄사무실로 전화했고 나는 사실대로 이야기해 주었다.

그날 이후 나는 사무실에서 숙직하는 날이 줄었다. 그리고 섣불리 알고 있는 것들이 자칫 위험할 수도 있다는 인식을 했다. 많이 아는 것보다 정확히 아는 것이 중요했다.

새 비행기? 헌 비행기?

1990년대 항공기를 이용한 고객은 "새 비행기를 타시겠습니까? 헌 비행기를 타시겠습니까?"라는 광고 문구를 기억할 것이다. 이 짧은 문구 하나가 아시아나항공은 언제나 새 비행기라는 연상 효과를 가져왔다. 이후 세월이 흘러 아시아나가 보유한 항공기의 평균 기령(항공기 나이)이 대한항공보다 높아진 순간조차도 아시아나는 여전히 새롭다는 이미지가 소비자의 뇌리를 떠나지 않았다. '아시아나항공은 새 비행기'라는 공식이 오래도록 지속되었다.

1996년 아시아나항공은 자사가 보유한 항공기의 기령이 낮다는 점을 부각하기 위해 경쟁사인 대한항공을 겨냥한 광고 Copy를 일간지에 실었다. 아시아나항공은 광고를 통해 자사 항공기의 평균 기령은 3.5년으로 전 세계 항공사 중에서 최연소 기령이라는 것을 강조했다. 반면에 경쟁사는 아직도 20년이 넘는 항공기를 운항하고 있다며 공격적인 비교광고를 했다.

대한항공은 "창사 27년을 맞는 항공사와 7년밖에 되지 않은 항공사의 비행기 기령 차이는 당연하다. 대한항공은 27년이나 되었음에도 불구하고 보유 항공기의 평균 기령이 8.2년에 불과하여 세계 수준을 훨씬 밑돌고 있고 항상 제로타임*을 유지하고 있다"라고 반박했다.**

아시아나항공은 공정거래위원회로부터 해당 광고 행위를 즉시 중지토록 하는 시정 권고를 받았다. 그 강렬했던 비교광고는 아시아나항공의 새롭고 참신한 이미지를 고객의 기억 속에 오래도록 각인시키는 효과를 가져왔다.

어쩌면 유치하게 보였을지도 모를 '새 비행기·헌 비행기'의 기재 경쟁이 국내 항공업계의 서비스 경쟁을 촉발하였다. 아시아나항공은 꿈·사랑·감동을 모토로 한 고객서비스 경쟁, 여행 일정의 선택을 다양

---

* 기령 제로상태의 완벽한 정비 상태
** 연합뉴스(1996. 1. 31.)

화한 스케줄 경쟁, 그리고 항공 여행수요의 저변을 확대한 가격 경쟁을 통해 대한항공과 차별화를 시도했다. 이러한 경쟁이 우리 항공운송시장의 서비스 수준을 획기적으로 개선했고 또 항공 소비자 편익을 향상했다.

노선 배분 격투기

대한항공과 아시아나항공 경쟁 시대의 대표적 특징은 '노선 배분 경쟁'이다. 두 항공사는 수익성 있는 노선을 쟁취하기 위해 치열하게 경쟁한 역사가 있다. 항공 노선은 정부가 국가 간 항공회담에서 노선권과 운수권을 확보하여 국적항공사에 배분하는 국가 재산이다. 노선권은 특정 노선에 대한 항공사의 배타적 권리를 말한다. 운수권은 특정 노선에 여객 및 화물을 운송하기 위한 기재, 운항 횟수, 노선 운영 구조에 대한 권리를 말한다. 노선권과 운수권을 혼용하여 사용하기도 한다. 노선은 항공사의 매출에 직결된 것으로 항공사는 수익성 높은 노선을 확보하기 위해 최선을 다한다. 대한항공과 아시아나항공은 신규 노선권과 운수권을 확보하기 위해 건교부 국제항공과를 사이에 놓고 줄곧 치열한 경쟁을 벌여왔다.

아시아나항공 출범으로 복수 항공사 경쟁체제가 시작되면서 두 항공사는 고객을 사이에 두고는 서비스 경쟁으로, 건교부 국제항공과를 사이에 두고는 노선 배분 경쟁으로 맞붙었다. 당국은 노선 배분 절차에 대한 공정성과 정당성을 확보하고, 노선 배분 결과에 따른 항공사의 반발을 차단하기 위해 노선 배분에 관한 지침을 마련했다. 정부는 신규 운수권의 배분 기준을 내용으로 하는 '정기항공운송사업자 지도·육성 지침(1990. 10. 25.)'을 공표했다. 아시아나는 중·단거리 노선을 중심으로, 대한항공은 장거리 노선을 중심으로 육성한다는 계획을 밝혔다. 지침의 주요 내용은 다음과 같다:

· 취항지역: 대한항공은 전 세계, 아시아나는 미국·일본·동남아·서남아로 제한한다.
· 신규 운수권 배분:
① 일본·동남아 노선은 아시아나 대 대한항공을 2 대 1로 배분한다.
② 미국·서남아 노선은 아시아나 대 대한항공을 1 대 1로 배분한다.
③ 기타 지역은 대한항공에 배분한다.
④ 중국, 소련 등 특정 국가는 별도의 기준을 마련하여 시행한다.

두 항공사는 이 지침을 두고 대립했다. 대한항공은 일본·동남아 노선의 신규 운수권을 아시아나에 두 배 더 배분하기로 한 것에 불만이 크다. 아시아나는 취항지역을 미국·일본·동남아·서남아로 제한하여 유럽 등 기타 지역에는 얼씬도 못하게 하니 불만이다.

두 항공사로부터 동시에 공격을 받은 이 지침은 4년 동안 노선 배분 때마다 충돌의 소재로 작용했다. 4년이 지난 1994년 8월 29일 '국적항공사 경쟁력 강화 지침'으로 대체했다. 건교부는 새로운 지침을 통해 이전 지침에서 두 항공사가 대립했던 갈등을 해소했다. 아시아나항공 취항지역을 전 세계로 확장했다. 일본·동남아 노선의 신규 운수권에 대한 2 대 1 배분 비율도 폐지했다. 그러나, 이 지침 역시 환영받지 못하고 약 4년 뒤인 1998년 7월 16일 폐지했다.

운수권 배분은 회사의 매출에 직접 영향을 미치는 중대한 사안으로 경영진의 최대 관심사다. 경쟁사 대비 우월한 운수권을 확보하기 위해 국제업무실, 기획실 등 주요 전략부서가 온갖 격투 기술을 여기에 집중한다. 이들은 노선 배분 시즌이 오면 상대 선수와 서로 치고받을 격투 전략을 세우고 링에 오른다. 심판의 판정 결과에 따라 두 회사의 선수들은 천당과 지옥을 오간다.

아시아나가 1997년 5월 29일에 서울-프랑크푸르트에 취항했으니 그해 3월쯤으로 기억한다. 나는 한국인 유학생들이 모여 사는 베이징 우다코우(五大口)의 둥왕좡(东汪庄)에 숙소를 두고 항공항천대학(航空航天大学)의 어학연수 과정에 있었다. 그 어학연수를 마치고 국제업무실에 복귀한 지 얼마 지나지 않은 때였다. 당시 서울-프랑크푸르트 노선에 대한 건교부의 운수권 배분이 있었고 사장의 열화와 같은 운수권 확보 지시와 임원진의 보고 지연 때문에 생긴 해프닝이 있었다.

박삼구 사장은 한·독 항공회담에서 정부가 확보한 서울-프랑크푸르트 운수권 주 4회를 전량 확보하라는 지시를 내렸다. 건교부는 주 4

회의 운수권을 아시아나항공에 주 3회 그리고 대한항공에 주 1회 각
각 배분했다. 임원진은 이 배분 결과를 사장에게 적시에 보고하지 않
았다. 국제업무실 임원은 해외 출장을 떠나면서 과장인 나에게 사장
을 수신으로 하고 관련 부문 임원을 참고로 해서 서울-프랑크푸르트
노선의 배분 결과를 직보하도록 했다. 아시아나항공 본사는 1998년 4
월 1일 강서구 오쇠동으로 이전하기 전까지만 해도 회현동의 남산 3
호터널 앞에 있었다. 사장실은 6층에 그리고 그 아래 5층에는 기획
실, 국제업무실, 법무실 3개 직속부서가 한 층에 나란히 자리하고 있
었다. 사장은 언제라도 이 직속부서의 담당 직원에게 직접 전화를 걸
어 현안을 물어보곤 했다. 6층 비서실에서 전화가 울리면 우리는 오
른손으로 전화기를 쥐고 동시에 왼손은 최근 현안 파일을 잽싸게 서
류함에서 빼내 책상 위에 펼쳐 놓는다. 왼손과 오른손이 세모와 네모
를 그리는 순간이다. 어쩌다 있는 일이지만 이렇듯 평소 업무 소통이
있는바 과장이라도 사장에게 직보하는 부담이나 거리감은 없었다. 나
는 독일이 담당 지역은 아니었지만 큰 부담을 느끼지 못하고 건교부
의 운수권 배분 결과를 있는 그대로 사장에게 사내 이메일을 통해 보
고했다.

　사장의 수신 확인이 뜨고 몇 분 지나지 않아 회사가 난리가 났다.
사장이 내 메일에 대한 회신 기능을 이용하여 회사의 전 임원과 부서
장을 참고 수신으로 하고 경고 메시지를 보냈다. 서울-프랑크푸르트
운수권 주 4회를 다 가져와도 모자랄 판에 대한항공에 주 1회를 주자

는 나약한 정신상태를 용인할 수 없다는 내용이었다. 순간 멍했다. 나는 사장의 회신 메일을 보고 무언가 일이 심상치 않다는 불안감을 느꼈다. 5층 복도 끝의 계단을 통해 2층 실내 주차장 옆을 지나 1층 밖으로 내려왔다. 당시 금호 사옥은 금연 건물*이었고 사내 흡연자들은 이 계단을 따라 밖으로 나가 흡연을 하곤 했다.

이게 무슨 일일까? 건교부가 이미 배분을 끝내고 공표하였는데 이걸 날보고 어쩌란 말인가? 지금 당장 과천의 건교부 국제항공과로 달려가 대한항공에 배분한 주 1회를 뺏어오란 말인가? 법무실을 통해 건교부를 상대로 행정소송을 제기하란 것인가? 그것도 아니면 사장 나름대로 주 1회마저 찾아올 복안이 있는데 그것도 모르고 내가 나섰다는 것인가?

임원이 출장 가는 그날 서울-프랑크푸르트 운수권 배분 결과를 사장에게 보고하라고 해서 보고했을 뿐인데. 이게 무슨 날벼락인가? 영문도 모르겠고 도저히 답을 찾을 수도 없었다. 상의할 사람이 아무도 없었다. 그도 그럴 것이 국제업무실 임원은 내게 사장 보고를 지시하고 아침부터 해외 출장을 갔다. 국제업무실 실장은 1년 월급을 줄 테니 1년 동안 집에서 쉬라는 최고경영자 지시에 따라 업무에서 잠시 이탈한 상태였다. 내가 베이징에서 어학연수를 하는 동안 국제업무실에

---

* 전 금호그룹 고 박성용 회장 결정에 따라 1991년 국내 최초로 전 사업장을 금연 구역으로 선포하였다. 1995년 1월 1일에는 아시아나항공이 운항하는 전 노선에서 세계 최초로 기내 금연을 실시하고 기내 면세품목에서 담배를 제외했다. 그는 많은 선례를 남긴 존경받는 경영인이다.

서 서울-프랑크푸르트 전세편의 러시아 영공통과*의 사전 허가를 받지 않고 보냈다가 항공기가 영공 통과를 하지 못하고 되돌아온 사건이 있었다. 그 일로 업무에서 잠시 벗어나 있었다. 다음이 나였으니 나는 오로지 혼자 해결해야 했다. 장흥 억불산 중턱의 작은 논두렁에 홀로 버려져 세찬 바람 맞으며 어미 찾는 새끼 고라니의 모습이었다. 죽든지 살든지 회신하기로 마음을 굳게 먹고 내려오던 길로 다시 올라가 컴퓨터 앞에 앉았다. 잠시 심호흡을 하고 자판을 두드리기 시작했다.

"사장님, 서울-프랑크푸르트 운수권 배분은 건교부가 공문을 통해 이미 확정 공표한 사실입니다. 다만, 사장님의 의중을 헤아리지 못하고 말씀드린 부분이 있다면 용서하여 주십시오. 최영택 과장 올림."

하루해가 너무 길었다. "하루해는 너무 짧아요"라고 노래한 조용필의 하루는 어떤 하루였을까? 자리에 앉아 꼼짝하지 않고 컴퓨터만 뚫어지게 주시했다. 5시간 정도 지났을까. 수신 확인이 뜨고 바로 전화벨 소리가 울렸다. 사장의 힘없는 목소리가 들려왔다.

"최 과장, 이미 배분이 끝났어?"

낮은 목소리로 물어왔다.

"예, 끝났습니다."

---

* 한국과 유럽을 오가는 대한항공과 아시아나의 항공편은 주로 시베리아 항로 (Trans Siberian Route)를 이용하여 러시아 영공을 통과한다. 러시아 영공통과료는 편도 편당 여객기 6,250USD, 화물기 5,000USD다. 1990년대 중반은 여객기 편도 편당 10,000USD였던 것으로 기억한다.

잠시 침묵이 흘렀다.

"…아아아아아아무도 나한테 이야기 안 해 주고…."

절규에 가까운 긴 탄식의 외침이 수화기를 통해 전해지고 또 침묵이 흘렀다.

"…최 과장, …미안하다."

"아닙니다. 사장님, 감사합니다."

나는 그날 사장의 솔직한 성품에 감복했다. 임원으로부터 제때 보고를 받지 못해 발생한 자신의 판단 착오를 지휘 체계 저 아래에 있는 과장 2년 차인 부하 직원에게 솔직히 사과하는 사장이 어디 있을까? 거짓으로 보고하는 것만 허위 보고가 아니다. 제 때에 보고하지 않고 지연한 것도 허위 보고다.

불안했던 회현동의 하루가 남산 3호 터널 속으로 느릿느릿 저물어 갔다.

색동날개의 상하이 트위스트

신규 운수권 배분을 놓고 양사가 첨예하게 대립한 것은 한·중 노선 운수권 배분이 대표적이다. 1992년 8월 24일 한국과 중국이 수교를 맺었으니 벌써 30년이 지났다. 당시 매우 우호적 관계를 유지하고 있던 대만은 한·중 수교에 반발하여 그해 9월 15일에 서울-타이완 노선을 운항 중단했다. 명동 입구 쪽에 대궐처럼 자리했던 대만 대사관은 중국 대사관에 자리를 내주고 무역대표부로 그 지위가 하락했다. 한국에 배신감을 느낀 대만은 오래도록 그 불만과 섭섭함을 표출했다. 분단국가라는 비슷한 처지에 서로의 연민을 느끼고 의지했는데 실망이 컸다.

당시 운항 중단했던 항공 노선은 그로부터 10년이 지나서야 복항했다. 아시아나항공은 2004년 11월 9일 대만 운수권을 다시 배분받아 11월 25일 인천-타이베이 노선에 취항했다. 12월 1일에는 타이베이 현지에서 정기편 취항 행사를 했다. 대만 교통부 장관, 대만 아시아나항공 총판매대리점(GSA, General Sales Agent), 그리고 중화항공과 에바항공 등 관련 인사 150명을 초청하여 기념 축하연을 열었다.

1992년 한·중 수교 후 양국의 항공 당국은 중국과 한국을 번갈아 오가며 여러 차례의 항공회담을 개최했다. 중국 담당인 나 역시 국제업무실 임원과 함께 베이징과 서울에서 한·중 항공회담에 참석했다. 수교 2년 후인 1994년에야 비로소 한·중 항공협정을 체결하고 정기편 운항의 기틀을 마련했다. 먼저 항공회담이 어떤 절차로 진행되는지 이해가 필요하겠다.

최초의 기본 협정 체결을 위한 항공회담은 외무부가 주관한다. 회담대표단은 외무부 심의관이 수석대표를 맡고 협정 조약을 담당하는 외무부 조약과의 사무관, 건교부 국제항공과의 과장(서기관)과 사무관, 그리고 대한항공 국제업무실 임직원과 아시아나항공 국제업무실 임직원으로 구성한다.

　항공협정은 전문(前文)과 본문, 그리고 부속서로 이루어진다. 전문에서는 협정 체결의 목적과 취지, 기대 등을 기술하고 협정의 체결을 선언한다. 본문에서는 협정이 허용하는 권리의 부여, 운항 항공사의 지정 및 인가, 상업적 기회, 공정 경쟁 및 가격설정 등을 규정한다. 그리고 부속서는 양국 지정 항공사의 운항 관련 사항을 규정한다.

　외무부가 주관하는 최초의 항공회담에서는 전문과 본문을 다루며 일반적으로 부속서에 규정하는 항공기 운항 관련 사항은 차기 건교부 주관의 항공회담에서 양국의 항공 당국 간 협의로 결정한다. 노선권과 운수권을 협의하는 차기 항공회담부터는 건교부가 주관한다. 국가 간 최초의 항공협정 체결 이후에는 부속서의 항공기 운항 관련 사항을 협의하기 때문에 항공회담의 주관이 외무부에서 건교부로 바뀐다. 그래서, 회담의 수석대표는 건교부 심의관 또는 국제항공과 과장이 맡고 국제항공과 사무관, 외무부 조약과 사무관, 그리고 두 항공사의 국제업무실 임직원으로 회담대표단을 구성한다.

　한·중 노선 운수권 배분에 관한 두 항공사의 경쟁 과정을 이야기하기 전에 한·이란 항공협정 체결과 관련한 에피소드를 먼저 소개한다. 1997년 9월 20일부터 21일까지 이틀간 한·이란 항공회담이 이란의 수도 테헤란의 민항청 회의실에서 열렸다. 이란은 입국 시에 방문자가 원하지 않으면 여권에 입국 스탬프를 찍지 않는다. 여행자의 여권에 이란 입국 기록(스탬프)이 있으면 이란의 적성 국가인 이스라엘은 입국을 거절한다.

한·이란 항공회담은 최초의 항공협정 체결로 외무부 통상심의관이 수석대표를 맡았고 외무부 조약과, 건교부 국제항공과, 그리고 대한항공과 아시아나항공의 임직원으로 대표단을 구성하였다. 회담에서 항공협정의 전문 및 본문 20개 조항 그리고 부속서의 노선구조에 대해서 합의하고 가서명하였다. 노선개설에 필요한 운항 관련 사항은 이후 항공 당국 간 협의하기로 하였다. 정부는 회담대표단에게 합의한 항공협정에 서명할 것을 요청했다.

나는 한·이란 항공협정의 공식 명칭이 일반적이지 않은 것에 주목했다. 서명을 위해서는 이를 정정했으면 좋겠다는 의사를 밝혔다. 건교부 국제항공과 서기관은 항공협정 명칭에 대해 혼자만 이의를 제기한다며 민감한 반응을 보였다. 그럴 것 같으면 다음 항공회담부터는 참석하지 말라고 한다. 항공사를 대표해서 회담에 참석했는데 의견 한마디 냈다가 혼쭐이 났다. 운수권 배분 권한을 가진 국제항공과는 갑이다. 싸울 수도 없는 노릇이다. 대강의 사정은 이렇다.

항공협정의 공식 명칭은 어느 나라나 예외 없이 공통의 양식을 취한다. 한·미 협정을 예로 들면 '대한민국 정부와 미합중국 정부의 항공운송협정'이 공식 명칭이다. 이것의 영문 공식 명칭은 'Air Transport Agreement between the Government of the Republic of Korea and the Government of the United States of America'다. 협정 체결 상대국에 따라 국가의 이름만 달라질 뿐 여기에 다른 군더더기 표현을 추가하지 않는 것이 상식이고 관례다.

그런데, 한·이란 항공협정의 공식 명칭은 달랐다. 'in the Name of Allha'가 공식 명칭에 추가되어 있었다. 이란은 국민의 대부분이 이슬람교를 신봉하여 저 명칭이 자연스럽겠지만 우리는 상황이 다르다. 태국이 불교를 신봉하는 국가라고 해서 한·태국 항공협정에 'in the Name of Buddha'를 추가해야 하는가? 사소한 것으로 보이지만 통상적인 관례를 벗어난 것이어서 정정을 요청했다. 두 나라의 수석대표가 재협의하여 이란 측의 협정문에는 'in the Name of Allha'를 존치하기로 하고 우리 측 협정문에는 삭제하기로 합의했다. 서명했다.

한·중 운수권 배분 이야기로 돌아간다. 1994년 항공회담에서 합의한 신규 운수권을 국내 양 항공사에 배분하기 위해 건교부는 운수권 배분 절차에 돌입했다. 한·중 노선 최초의 정기편 운수권 배분이어서 대한항공과 아시아나항공은 더 많은 운수권을 확보하기 위해 모든 전력을 투입했다. 정부 과천종합청사의 건교부 국제항공과의 문턱이 닳고 또 닳았다. 건교부 국제항공과는 두 항공사에 신규 운수권에 대한 각 회사의 노선 운영 계획을 제출하도록 요구했다. 1994년 협정에 명시된 신규 운수권은 「베이징 주 9회, 상하이 주 6회, 선양 주 3회, 칭다오 주 3회, 톈진 주 3회(한국 측), 다롄 주 3회(중국 측)」였다. 중국 측 운수권으로 지정한 다롄은 제외하고, 베이징, 상하이, 선양, 칭다오, 톈진 5개 목적지에 대한 노선 운영 계획을 건교부에 제출했다.

대한항공과 아시아나는 한 곳이라도 더 가져오기 위해 국제항공과를 사이에 두고 처절하게 맞붙었다. 국가의 재산인 노선권과 운수권이 배분 절차를 통해 항공사에 귀속되면 항공사는 이 권리를 행사하여 매출을 일으킨다. 중국과 같이 미래 항공 및 관광수요의 가파른 성장이 예상되는 노선은 더 좋은 곳을 선점하기 위하여, 그리고 하나라도 더 차지하기 위하여 양보할 수 없는 전쟁을 치른다.

격투 양상은 갈수록 치열해지고 합의점을 찾지 못하자 건교부는 한 가지 아이디어를 냈다. Package dealing이었다. 신규 운수권을 2개의 묶음으로 나누고 양 항공사가 선택하도록 했다. 당시 오명 장관은 양 항공사의 회장을 건교부로 초치했다. 「베이징 주 5회, 선양 주 3회, 칭다오 주 3회, 톈진 주 3회」를 하나로 묶고, 「베이징 주 4회, 상하이 주 6회」를 다른 하나로 묶어서 그중 하나를 선택하게 했다. 건교부는 상하이 주 6회의 운수권 가치를 베이징 주 1회, 선양 주 3회, 칭다오 주 3회, 톈진 주 3회의 총합과 같다고 평가했다. 단, 우선 선택권은 후발 항공사인 아시아나항공에 주었다. 아시아나항공은 운항 목적지 수나 총 운항 횟수에서 외견상 밀리기는 하지만 상하이 노선의 운수권 가치를 높이 평가하고 「베이징 주 4회, 상하이 주 6회」의 묶음을 선택했다. 치열했던 싸움은 그렇게 끝났다.

아시아나항공은 그해 12월 22일에 서울-베이징 노선과 서울-상하이 노선에 역사적인 중국 노선 정기편의 첫 운항을 시작했다. 색동날개의 상하이 트위스트는 그렇게 시작되었다.

한 · 미 항공자유화협정과 기재 변경(Change of Gauge)

1997~1998년 아시아 금융위기에 한국은 국가 부도를 막기 위해 미국이 지원하는 IMF 차관이 필요했고 미국은 항공자유화협정(Open Skies Agreements)* 카드를 내밀었다. 미국 교통부(DOT, Department of Transportation) 고위직이 우리나라에 입국하여 건교부는 물론 대한항공과 아시아나를 방문하여 항공자유화협정 체결을 종용하며 관련 절차를 진행해 나갔다. 대한항공과 아시아나는 미국 항공사들의 국내 시장잠식을 우려해 반대했고 정부는 미국과 항공자유화협정 체결에 동의하였다. 국적항공사가 시장잠식을 우려한 것은 항공자유화협정 부속서에 존치한 '기재 변경(Change of Gauge)' 조항 때문이었다:

ANNEX I

Scheduled Air Transportation

Section 3

Change of Gauge

---

* 항공자유화협정은 미국 출·도착의 국제 여객 및 화물 수송을 확대하여 관광 및 교역의 증진, 생산성 향상, 그리고 양질의 일자리와 경제성장을 촉진하였다. 이는 노선, 공급, 가격설정에 관한 항공사의 상업적 결정에 정부의 간섭을 제거하여 항공사가 자유재량에 따라 더 저렴하고 더 편리하며 더 효율적인 항공 서비스를 소비자에 제공할 수 있도록 했다. (미국 국무부. 2016)

On any segment or segments of the routes above, any designated airline may perform international air transportation without any limitation as to change, at any point on the route, in type or number of aircraft operated; provided that, in the outbound direction, the transportation beyond such point is a continuation of the transportation from the territory of the Party that has designated the airline and, in the inbound direction, the transportation to the territory of the Party that has designated the airline is a continuation of the transportation from beyond such point.

협정 체결 전 국토부 국제항공과에 상기 조항의 문제점을 검토하고 의견을 제출했으나 결국 원안대로 체결되었다. 상기 조항을 예를 들어 설명하면 이렇다:

미국의 아메리칸항공(AA)이 로스앤젤레스와 필리핀, 베트남 등 아시아지역을 여행하는 승객을 인천공항을 경유하여 운송한다고 가정하자. 아메리칸항공은 로스앤젤레스와 인천 구간은 자사의 항공편으로 운항하고 인천에서 필리핀, 베트남 등 아시아 이원 구간은 제3국 항공사와 공동운항(Codeshare)*하여 운송할 수 있다. 머릿속에 그림을 그려보자. 아메리칸항공은 서울을 운항하는 아시아 역내 항공사의

---

* 자사의 항공기를 실제 운항하지 않으면서 마치 운항하는 것과 똑같은 효과를 누리는 공동운항 방식이다. 예를 들면, 인천-뉴욕을 운항하는 아시아나항공의 항공기에 유나이티드항공이 자사의 편명을 붙여 판매하는 방식을 코드셰어라 한다.

항공기에 자사의 코드를 붙여 아시아 역내 여객 수요를 서울로 모은다. 하노이에서, 마닐라에서, 자카르타에서 그리고 방콕에서 그 나라 항공사의 항공편에 아메리칸항공 코드를 붙여 판매한 승객을 인천으로 수송한다. 아메리칸항공은 타 항공사를 이용해 서울로 수송한 아시아 역내 수요를 인천에서 다시 자사의 대형 항공기를 이용해 미국으로 운송할 수 있게 하였다. 아시아 역내 수요를 허브공항(인천)으로 집중시켜 허브(인천)와 허브(로스앤젤레스)를 연결하는 대형 항공사의 전형적인 노선 네트워크 운영 방식이다. 이를 허브·앤·스포크 시스템(Hub & Spoke System)*이라 한다.

우리 항공이 우려한 것은 아시아지역에서 미국을 오가는 인천공항 환승수요가 미국 국내선 네트워크의 연결성을 강점으로 하는 미국 항공사 쪽으로 흡수되는 것이었다. 그러나 그것이 기우였다는 것이 밝혀지기까지는 그리 오랜 시간이 걸리지 않았다.

1998년 한·미 항공자유화협정 체결 이후 미국의 대형 항공사인 유나이티드항공, 아메리칸항공, 델타항공, 노스웨스트항공, 콘티넨탈항공이 서울-아시아 구간 수요를 연결하기 위해 서울에 대규모 항공기를 투입했다. 대한항공과 아시아나는 이들과 일 년 내내 치열하게 싸웠다. 일 년 후인 1999년 미국의 대형 항공사들은 대한항공, 아시아나

---

* 여러 지선의 수요를 허브 A로 집중하여 허브 B로 수송하는 대형항공사의 노선 운영 시스템이다. 자전거 바퀴에서 여러 바퀴살(Spoke)이 중앙인 허브(Hub)로 연결된 것을 묘사하여 Hub & Spoke System이라 한다.

와 경쟁을 할 수 없어서 서울에서 항공기를 철수하였다.[*]

두 가지 협정, 두 가지 성장

항공사가 국제항공운송사업을 수행하기 위해서는 국가 간 항공협정을 체결해야 한다. 협정 체약국의 지정 항공사는 항공협정을 통하여 자국과 상대 체약국 간에 여객과 화물을 운송할 수 있는 제반 권리를 행사하고 또 관련 의무를 이행한다.

항공협정은 항공사의 노선권 및 운수권의 사용이 규제적인지 아니면 재량적인지에 따라 전통적인 양자항공운송협정(Bilateral Air Services Agreements)과 항공자유화협정(Open Sky Agreements)으로 구분한다. 전통적인 양자항공운송협정에서는 노선권 및 운수권의 신규 설정 또는 개정을 해당 국가 간 항공회담에서 협상을 통해 결정한다. 규제적 성격이 강하다. 대표적으로 한·중 항공협정과 한·인도네시아의 항공협정이 여기에 속한다. 이들 국가와의 항공 및 관광수요는 노선권 및 운수권을 이미 확보한 대형 항공사(FSC, Full Service Carrier)의 시장지배력의 영향을 받는다. 일정한 틀 안에서 통제적 성장을 유지하는 특징이 있다.

---

[*] Shaoxuan and Tae Hoon Oum(2018). 중국·ASEAN 항공자유화에 따른 중국의 항공정책 자유화 전망

항공자유화협정에서는 노선권 및 운수권의 행사를 항공회담을 통해 결정하지 않고 지정 항공사의 자유재량으로 결정할 수 있도록 기존의 규제적 환경을 제거하였다. 대표적으로 한·미 항공협정, 한·일 항공협정, 그리고 동남아 대부분 국가와의 항공협정이 여기에 속한다. 이들 국가와의 항공 및 관광수요는 LCC의 시장진입이 자유로워 높은 수요성장세를 보이는 특징이 있다.

장거리 노선인 미국은 항공자유화지역으로 시장진입이 자유롭지만 LCC의 비즈니스 모델이 아니다. LCC가 운항하지 않아 미국 노선은 LCC가 운항하는 여타 중·단거리 노선에 보이는 높은 수요성장세는 확인되지 않는다. 최근 장거리 저비용 항공사(LHLCC, Long-haul Low-cost Carrier)인 에어프레미아가 로스앤젤레스와 뉴욕(EWR)에 진입하여 저가 수요의 저변 확대에 대한 기대를 높이고 있다. 하지만 장거리 노선은 단거리 노선 대비 원가절감 요인이 많지 않다. 이를 고려하면 에어프레미아 같은 장거리 저비용 항공사의 확장성이 지속 가능할지는 여전히 의문이다.

한·중 항공협정과 한·인도네시아 항공협정 등 기존의 규제적 양자 항공협정은 항공 및 관광수요의 성장을 더디게 한다. 국적 LCC의 자유로운 시장진입을 허용하지 않고 기존 FSC의 기득권을 보호하기 때문이다. 반면에 한·일 간 그리고 한·동남아 대부분 국가 간에 체결된 항공자유화협정은 LCC의 자유로운 시장진입을 자극하여 항공 및 관광수요의 성장을 촉진한다. 서로 다른 성격의 두 가지 항공협정은 그

수요성장세도 서로 다른 두 가지 양상으로 나타난다. 이는 뒤의 '가격은 낮아지고 수요는 증가한다'에서 실질적 예를 들어 설명하겠다.

1998년 4월 23일 한·미 항공자유화협정을 체결한 이후 우리 항공 당국 역시 국가 간 항공회담에서 항공자유화를 협상의 기본 틀로 삼고 상대국과 항공자유화협정 체결을 적극적으로 추진했다. 국적항공사와 항공 당국은 한·미 협정 체결 이후 서울에서 전개된 미국 대형 항공사들과의 치열한 경쟁에서 자신감을 얻었다. 우리나라는 2018년 6월 현재 45개국과 항공자유화협정을 체결했다.[*]

국토교통부 보도자료(2019)에 따르면, 2019년 11월 부산에서 열린 한·ASEAN 특별정상회의 기간 중 싱가포르(2019. 11. 23.), 브루나이(2019. 11. 24.)와 항공자유화협정을 체결했다. 아세안 10개 회원국 중 9개국과 항공자유화협정을 체결하고 인도네시아만 남았다. 우리 항공 당국은 팬데믹이 진행 중인 2020년 6월 26일 한·팔라우 간 항공회담을 비대면 화상회의로 진행하고 양국 간 항공자유화에 합의했다.[**] LCC를 포함한 우리 국적항공사들은 한·팔라우 노선을 자유롭게 운항할 수 있게 되었다. 이것은 국가 간 항공회담이 양국 간 교차 방문으로 이루어지는 전통적인 회담 방식에서 벗어나 우리나라 역사상 처음으로 이루어진 비대면 방식의 혁신 사례다. 언택트 시대 양국 간 항공 현안을 신속히 처리하는 데 매우 효율적인 모델로 평가한다.

[*] 국토교통부(2018)
[**] 국토교통부 보도자료(2020. 6. 26.)

닫힌 하늘길, 열린 하늘길

문민정부가 IMF에 구제금융을 신청하기 3개월 전쯤이다. 인명을 앗아간 항공사고가 발생했다. 1997년 8월 6일 대한항공 KE801편 B747-300 항공기가 김포국제공항(GMP)에서 254명(승객 237명, 승무원 17명)을 태우고 괌(Guam)으로 향했다. 항공기는 착륙 시도 중 최저 고도 경보에도 불구하고 하강하다 활주로에서 3마일 떨어진 니미츠힐에 부딪혀 탑승자 전원이 사망했다.

대한항공은 이 사고로 1999년 11월 5일부터 2000년 11월 2일까지 1년 동안 건교부의 제재를 받았다. 국제선 운수권 배분에서 1년 동안 배제했다. 항공사는 운수권을 확대하여 매출도 늘리고 노선 네트워크 경쟁력도 향상한다. 대한항공은 1년 동안 사업 확대의 기회가 막혔다. 건교부는 대한항공에 충격을 주어서라도 안전 운항에 대한 경각심을 고취하고자 했다.

괌 사고 2년 후인 1999년 12월 22일 런던 스탠스테드공항을 출발하여 이탈리아로 가는 대한항공 화물편 항공기가 추락해 탑승자 4명이 사망하는 사고가 발생했다. 대한항공은 또 한 번의 항공기 사고로 인하여 운수권 배분 제재 기간이 2001년 5월 2일까지 6개월 연장되었다.

대한항공의 집계에 따르면, 대한항공에 운수권 배분을 제재한 18개월 동안 총 35개 노선에 주간 운항 횟수 104회가 배분되었다. 대한항공에 배분된 서울-도쿄 노선 주 4회를 제외하고 나머지 34개 노선

의 주 100회는 아시아나항공에 배분했다.[*]

대한항공은 건교부 자료를 기반으로, 대한항공에 대한 운수권 배분 제재가 끝나기 한 달 전인 2001년 4월 대한항공과 아시아나항공의 항공기 보유 대수와 주간 운항 횟수를 비교했다:

[표] KE·OZ 항공기 보유 대수 VS 주간 운항 횟수

항공사	항공기 보유 대수	주간 운항 횟수
아시아나(OZ)	58대	주 246.9회
대한항공(KE)	114대	주 305.4회
KE 대비 OZ 비율	50.9%	80.8%

표에 따르면, 아시아나가 보유한 항공기 대수는 대한항공의 절반인 50.9%에 지나지 않지만 주간 운항 횟수는 대한항공의 80.8%에 달한다. 대한항공은 아시아나항공이 항공기 보유 대수는 적은데 운항 횟수가 상대적으로 많은 것을 지적했다. 이를 두고 대한항공은 자사에 대한 운수권 배분 제재를 기회로 활용하여 아시아나가 운항 횟수를 확대했다고 비판했다.

외견상 그럴듯한 비교로 보인다. 아시아나항공은 단거리 노선 비중이 높아 주간 운항 횟수가 상대적으로 많고 대한항공은 장거리 노선 비중이 높아 주간 운항 횟수가 상대적으로 작게 보이는 효과가 있

---

[*] 대한항공 50년사 '하늘길에 꿈을 담다'

다. 단거리 노선 비중이 높다는 것은 투입 공급력이 작다는 것을 의미한다. 반대로 장거리 비중이 높다는 것은 투입 공급력이 커서 그만큼 많은 승객을 수송한다는 의미다. 비교 기준을 달리하면 그 결과 또한 다르게 나온다.

위의 표에서 항공기 보유 대수와 운항 횟수를 기준으로 비교했던 것을 이번에는 항공기 보유 대수와 실제 수송 여객 수를 기준으로 비교하면 어떠한 결과가 나오는지 보자:

[표] KE·OZ 항공기 보유 대수 VS 수송 여객 수

항공사	항공기 보유 대수	실제 운항 편수	수송 여객 수
아시아나(OZ)	58대	1,935편	338,817명
대한항공(KE)	114대	2,369편	579,540명
KE 대비 OZ 비율	50.9%	81.7%	58.5%

위의 표는 인천국제공항공사 항공통계(2023)의 항공사별 실적을 기반으로 작성하였다. 2001년 4월 한 달 동안 인천공항에서 출·도착한 국제선 실제 운항편수를 보면 아시아나는 대한항공의 81.7%다. 이 수치는 대한항공이 제시한 주간 운항 횟수 비율 80.8%와 비슷하다. 전자는 실제 운항 횟수이고 후자는 계획 운항 횟수이니 미세한 차이가 존재하는 것은 당연하다. 하지만, 수송 여객 수에 있어서 아시아나는 대한항공의 58.5%에 지나지 않아 항공기 보유 대수 비중 50.9%와

별 차이가 없다.

대한항공이 주간 운항 횟수를 비교 기준으로 사용한 것은 나름대로 의도한 바가 있다. 항공기 보유 대수가 적은 아시아나항공이 운항 횟수가 상대적으로 많은 것은 당국이 대한항공을 제재하여 아시아나를 지원한 결과라는 것을 이야기하고 싶었다. 그렇다면, 항공기 보유 대수와 실제 수송 여객 수를 비교하니 그 결과가 어떠한가? 아시아나항공은 항공기 보유 대수의 비중(대한항공의 50.9%)만큼 국제선 여객을 수송(대한항공의 58.5%)한 것이다. 대한항공이 비교한 주간 운항 횟수 비중만 보면 정부가 아시아나를 "지원했네!"라고 말할 수 있겠지만 실제 수송한 여객 수 비중을 보면 "아니잖아!"라고 할 것이다. 어느 지표를 비교 기준으로 채택하느냐에 따라 그 결과도 달라진다. 통계 수치에는 사용자의 의도가 담겨 있다. 대한항공은 자사의 의도를 반영할 수 있는 유리한 통계 지표를 사용하였고 이를 당국에 압력을 가하는 여론으로 활용했다.

어쨌든 대한항공이 운수권 배분 제재를 받아 태극마크의 파란 하늘이 잠시 닫혀 있는 동안 아시아나항공의 색동 하늘 문이 열린 것은 사실이다. 중국 노선에서 아시아나항공이 운항 목적지 수를 앞서는 계기가 되었다.

2000년 색동으로 물든 중국 하늘

새천년이 시작하는 2000년. 아시아나항공은 중국 노선개설에 분주했다. 2000년 4월엔 서울-시안 노선과 서울-구이린 노선에 취항하고, 6월은 서울-충칭 노선, 그리고 8월엔 서울-옌지 노선을 개설했다. 마치 국내 노선을 늘리듯 중국 시장을 확대해 나갔다. 취항 도시 하나하나마다 특색이 있다.

시안은 중국 서부 대개발의 중심 도시다. 진시황릉과 병마용을 찾아 많은 한국인 관광객이 방문한다. 시안 셴양국제공항(西安咸阳国际机场)은 시안의 북쪽에 위치한 진나라 수도 셴양(咸阳)의 이름을 따서 만들었다. 베이징에서 어학연수 중이던 1996년에 시안을 찾았다. 공항에 도착하여 추주처(出租车, 택시)에 오르니 퀴퀴한 냄새가 차 안에 가득했다. 중국은 늦가을로 접어들면 저녁에는 날씨가 매우 춥다. 집안에 들어가면 바깥보다 더 춥다. 우리처럼 난방장치가 잘되어 있질 않아 기온이 떨어지면 밖에서 입고 있던 옷을 집에서도 그대로 입고 지낸다. 침대에서 두꺼운 옷을 입고 자면 밤중에 흘린 땀이 옷으로 스며든다. 아침에 일어나 일하러 가는데 날씨가 추워 옷을 갈아입기도 귀찮다. 그래서 밤새 땀 흘리고 입던 그 옷을 그대로 입고 운전석에 앉아 있으니 차 안에 냄새가 진동한다. 창문을 열려고 부서진 손잡이를 두 손으로 조심스럽게 돌리니 창문이 무거운 소리를 내며 내려간다. 찬바람이 밀려들어 잠깐 시원하다 싶더니 이번에는 다른 냄새가 밀려 들어온다. 센양공항에 도착해서 택시를 타고 공항을 빠져나가면 도로 양쪽으로 넓고 넓은 농지가 주욱 펼쳐져 있다. 그때는 그랬다. 달리는 차창으로 바람 따라 들어오는 정겹지만 역겨운 냄새가 코를 찌른다. 문을 닫아야 할지, 문을 열어야 할지 모르겠다.

진시황릉 입구로 가는 길에는 현지 상인들의 텐트가 일렬로 늘어서 있다. 텐트 안쪽에서 새까만 얼굴만 살짝 내밀고 안으로 들어오라는 신호를 보낸다. 별 말없이 표정과 동작으로만 의사를 전달하느라 애쓴다. 가만히 해석해 보니 진시황릉에서 방금 도굴한 골동품이라는 것을 표현하고 싶은 모양이다. 한 손에 감춘 때 낀 골동품 조각을 살짝 보여 주고는 얼른 안으로 숨긴다. "너만 봐!"라는 대사를 동작으로 속삭이는 것 같았다. 시안에 오기 전에 텐트 안에 따라 들어가지 말라는 사전 교육을 충분히 받았지만 어느새 텐트 안쪽으로 들어가 있었다. 몇 분이 지나지 않아 나는 가짜 골동품 하나를 들고나왔다. 몇 걸음 걷지도 않아 또 다른 상인이 똑같은 가짜 골동품을 밖에다 진열해 놓고 팔고 있었다. 가격을 보니 훨씬 싸다. 텐트에서 비싸다는 생각에 사지 않은 관광객은 여기서 싼 가격을 보고 사겠다 싶다. 고수의 상술이다.

중국 광동성 서쪽으로 광서성 장족자치구(广西壮族自治区)에 세계적인 관광지 구이린(桂林)이 있다. 구이린의 양수오(阳朔)는 자연의 놀라움이다.

"桂林山水甲天下 구이린의 경치는 천하에서 제일이고

陽朔風景甲桂林 양수오의 풍경은 구이린에서 으뜸이다."

구이린이 세상에서 제일이고 구이린 최고의 경관이 양수오라고 하니 그곳을 안 가 볼 수 없다. 구이린 시내에서 양수오 가는 마이크로버스에 올랐다. 현지인들이 주로 이용하는 버스라 외국인 관광객은 보이지 않았다. 좌석은 다 찼고 여러 사람이 서서 출발을 기다리고 있었다. 공간도 없는데 기사는 더 태우려는지 출발할 생각이 없다. 버스에 오르고 15분이 지났다. 먼저 타고 있던 사람들은 누구 하나 재촉하는 사람이 없다. 한 사람 한 사람씩 띄엄띄엄 타면서 차 안에 서 있는 사람들은 한발 한발 뒤로 밀린다. 나라도 나서지 않으면 날 새게 생겼다 싶다. 기사를 재촉했다.

"师傅, 什么时候走啊?" (기사님, 언제 가죠?)

"马上" (곧 갑니다.)

곧 출발하겠구나 하고 기다렸다. 10분이 지났는데도 여전히 갈 생각이 없다. 기사를 또 재촉했다.

"可以走吗?" (안 가요?)

"马上" (바로 갑니다.)

간다고 말만 하고 가지를 않는다. 간다고 했으면 가야지 말만 하고 안 가니 '빨리빨리'의 한국 사람은 가만히 있지를 못한다. 그런다고 중국 사람은 그를 탓하지 않는다. 생활 속에서 언어가 갖는 모호성에 잘 적응하고 있다. "마상(马上)"이 갖는 언어적 유희가 있다. 글자 그대로 "마상(马上)"은 길 떠나기 위해 사람이 말 위에 오른 것을 형상화하였다. 거기까지다. "마상(马上)"이라는 단어가 뜻하는 것은 거기까지다. '말에 올랐으니 가야 한다'는 것은 내 생각이다. 가고 안 가고는 말 탄 사람의 마음(결정)이다. 지금 바로 갈 수도 있고 30분 후에 갈 수도 있다. "마상(马上)"이라는 단어는 준비가 되어 있다는 이야기지 지금 바로 한다는 것을 의미하지 않는다. 중국 사람은 그 말의 뜻을 잘 알고 있다. 버스는 여전히 시동만 걸어둔 채 갈 생각이 없다. 나는 다시 한 번 재촉했다.

"师傅, 走吧!" (기사님, 갑시다!)

"马上" (곧 갑니다.)

그는 줄곧 "마상(马上)"만 외쳤고 나는 안 되겠다 싶어 카운터블로를 날렸다.

"马上是什么时候啊?" (곧 간다는데 곧이 언제입니까?)

차 안에 있는 중국 사람들이 고개를 돌려 나를 보고는 모두 웃는다. 그들은 웃으면서 자기들과는 뭔가 달라 보이는 행색의 내게 친근감을 전했다. 버스는 비로소 천천히 움직이기 시작했다.

양수오에는 미국과 유럽에서 온 관광객들이 매우 많았던 것이 인상적이었다. 작은 동력선을 타고 강을 따라가면서 어부가 가마우지를 물에 놓아 물고기 잡는 모습을 연출한다. 가마우지 목에 줄을 매어서 잡은 물고기를 삼키지 못하도록 한다. 물고기가 입안에 가득하면 가마우지를 배로 올려 물고기를 뱉어내게 한다. 몇 번의 반복적인 작업을 끝내면 어부는 가마우지 목줄을 풀고 몇 마리의 물고기를 입에 던져 준다. 가마우지는 고된 노동에 시달렸던지 주인이 던져 주는 물고기를 허겁지겁 삼킨다.

강을 따라 여기저기 솟아 있는 동글동글한 산봉우리는 어린 시절 미술 교과서에서 보았던 그 산봉우리 그대로였다. 미술책 속의 산봉우리도 신기했는데 눈앞에 여기저기 솟아 있으니 감탄이 절로 나왔다. 코로나19 발병 이후 3년 8개월 동안 운항 중단했던 인천-구이린 노선은 2023년 9월 27일 색동날개가 재운항을 시작했다.

충칭은 시안, 청두와 함께 서부 대개발의 중심이다. 단일 도시 인구 기준으로 중국 최대의 도시. 3,300만의 인구를 가진 충칭은 베이징 직할시, 상하이 직할시, 톈진 직할시와 함께 중국 4대 직할시 중 하나다. 아시아나가 운항하는 중국 내 20여 개가 넘는 목적지 중에 취항일 당일 저녁에 한류공연을 개최한 곳은 충칭이 유일하다. 2000년 6월 나는 충칭 초대 지점장으로 취항식과 한류공연을 최일선에서 준비하고 있었다. 4,000장의 입장권을 인쇄하여 충칭시 정부를 포함한 각급 기관에 3,000장을 배포했다. 남은 1,000장은 충칭호텔 비즈니스 빌딩 5층에 자리한 충칭지점 사무실에서 여행사 관계자들과 일반 시민을 대상으로 무료로 배포했다. 직원들이 무료 입장권을 나눠주고 기록하느라 새벽 2시까지 수고했다.

취항식 당일 저녁. 충칭시 인민대례당(人民大礼堂)에 무료 초청된

4,000명의 시민이 운집했다. 실내는 뜨거운 열기로 가득했다. 충칭은 날씨가 더워 중국의 4대 화로 중 하나다. 6월이면 온도가 35도까지 오른다. 4,000여 충칭 시민의 열기인지 6월 하순의 더위인지 잘 모르겠다. 충칭 시민들은 회사에서 나눠 준 색동부채로 더위를 식히느라 분주했다.

우리가 준비한 한류 공연의 제목은 '아시아나항공의 밤'을 뜻하는 '한야즈예(韓亞之夜)'였다. 인구 3,300만의 서부 내륙도시에서 한류 최고 가수들의 공연을 충칭 시민들에게 선사한다? 정말 멋있는 일이었다. 나는 사실 58일 동안 충칭-서울 국제선 정기편 취항과 한류공연 행사를 준비하느라 모든 에너지를 소비했다. '피골이 상접하다'라고 표현하는 것이 정확하다. 그런 나에게 공연장을 가득 메운 충칭 시민들의 뜨거운 반응은 큰 위로였고 힘이었다. 보람도 느끼고 자부심도 생겼다.

공연 시작 전 중국 베이징 CCTV의 유명 앵커가 무대에 올라 장내에 참석한 귀빈을 소개하고 있었다. 앞쪽 좌석에 앉아 지켜보고 있는데 충칭 사투리의 한 청년이 다가와 자기 자리라고 비켜 달란다. 입장권을 밖에서 200위안 주고 샀다고 한다. 푸훗! 무료로 나누어 준 입장권인데 누군가 돈을 받고 팔았나 보다. 나는 웃으며 무료입장권이라는 상황을 설명하고 그 청년을 옆 계단 쪽에 앉게 했다. 계단까지 사람들이 가득 찼다.

무대 안쪽 양옆으로 커다란 사각형 구조의 하얀색 배경 위에 아시아나항공 로고인 색동저고리가 크고 선명하다. 풋 페달(Foot pedal)을 힘차게 밟으며 내는 묵직한 베이스 드럼 소리가 앰프에서 흘러나온다. 순간 인민대례당에 모인 4,000여 명 충칭 시민의 함성이 터져 나왔다. 무대에 오른 엄정화가 피어오르는 연기 속에 남자 댄서들과 함께 경쾌한 리듬의 〈페스티벌(Festival)〉을 부르며 춤을 춘다. 아시아나항공 충칭 취항이 축제처럼 느껴졌다. 여성 아이돌 그룹 베이비복스의 〈와이(Why)〉는 충칭의 밤을 가슴 들뜨게 했고, 무대를 좌우로 누비며 관중을 압도하는 클론의 〈꿍따리 샤바라〉는 충칭 미인들의 가슴을 설레게 했다.

아시아나항공은 충칭과 서울을 직항편으로 연결하여 서부 내륙도시와 인적·물적 교류의 발판을 마련했을 뿐만 아니라 우리의 한류 문화까지 전파하는 데 아낌없이 공헌했다. 서울-충칭 취항은 박삼구 회장이 직접 결정하였으며 한류공연 역시 마찬가지다. 중국에 대한 박삼구 회장의 애정이 그대로 묻어 있는 중국 노선이다.

옌지(延吉)는 중국 동북쪽으로 길게 늘어선 세 개의 성 즉, 랴오닝성, 지린성, 헤이룽장성 중 그 가운데에 자리한 지린성의 동쪽에 위치한 옌볜 조선족자치주(延边朝鲜族自治州)의 주정부 소재지다. 백두산은 한국인에게 최고 인기의 관광지다. 백두산을 가려면 옌지를 거쳐야 한다. 옌지 직항로가 개설되기 전에는 서울에서 지린성 창춘으로 갔다. 거기에서 야간열차를 타고 옌지로 이동하여 다시 버스를 타고 백두산으로 간다. 얼마나 많은 한국 관광객이 백두산을 찾았으면 엔지에서 백두산 입구까지 가는 비포장도로는 모래에 기름을 바른 듯 반들반들하다. 쿠웨이트 사막에 지어 놓은 골프 코스는 천지가 모래밭이다. 모래밭에 골프공을 올려놓고 샷을 할 수 있도록 사각형 휴대용 인조 잔디를 들고 다니며 라운딩을 한다. 모래 그린 위는 기름을 발라 반들반들하다. 퍼팅을 하면 공이 홀 쪽으로 미끄러지듯 굴러간다. 그린이 우리의 참기름 색깔을 하고 있다. 백두산으로 가는 비포장도로 역시 참기름을 바른 듯 관광버스가 그 위를 미끄러지며 굴러간다. 웬만한 포장도로는 저리 가라다.

엔지는 중국말을 하지 않아도 살 수 있는 곳이다. 엔지는 북한식 발음에 가까운 한국말과 중국어가 함께 쓰인다. 시내의 모든 간판은 한국어와 중국어가 병기되어 있다. 중국 지점에는 한국말과 중국말이 가능한 조선족 직원들이 일하고 있다. 그들은 서울에서 출발한 항공기가 공항 활주로에 착륙하면 '비행기 떨어진다'라고 한다. 나는 그들에게 비행기 떨어진다는 소리는 제발 하지 말아 달라고 부탁했다. 내 심장이 떨어진다고.

아시아나항공은 2000년에 중국의 서부에서 동북까지 모두 4개 도시 즉 시안, 구이린, 충칭, 엔지에 신규 취항함으로써 단일 연도 기준 가장 많은 중국 직항로를 개설한 한 해가 되었다. 2000년 중국 하늘이 색동으로 물들었다.

긴 봄(長春)을 떠나다

"개나리의 노란 꽃 빛으로 긴 봄(長春)이 오나 보다.

겨울 끝자락에 매달린 만주(長春) 벌판에는 아직 바람이 세찬데."

때는 바야흐로 4월 중순이지만 이른 아침 찬 바람 매서운 거리에는 아직도 두꺼운 국방색의 롱패딩을 입은 사람들이 오간다. 창춘 샹그릴라 호텔 입구에서 차를 내리니 도어맨이 안쪽에서 육중한 유리문을 열어 준다. 4월의 이른 아침. 아직은 매서운 만주의 찬 바람이 따스한 온기의 호텔 안으로 급속히 빨려 들어간다. 로비 안쪽으로 들어서면 넓은 라운지 바가 눈에 들어온다. 무대 옆 앰프에는 미처 챙기지 못한 기타 잭이 꽂혀 있고 스네어 드럼 아래쪽으로는 드럼 스틱이 떨어져 있다. 어젯밤 늦게 사무실을 나서며 1층 로비에 울려 퍼지던 필리핀 4인조 밴드의 ⟨Don't play that song⟩의 선율이 귓가에 맴돈다.

엘리베이터를 타고 8층으로 올라가 키를 꺼내 사무실 문을 연다. 카운터 옆 벽에 붙어 있는 전등 스위치를 모두 켜고 문이 자동으로 닫히지 않게 바닥의 도어 홀더에 툭 소리가 날 때까지 문을 밀어 놓는다. 승무원복을 입은 모델 팝 스탠드를 문 앞으로 옮겨 세워 놓는다. 그녀에게 예의를 갖추어 하루의 매출을 부탁하고 들어와 자리에 앉는다. 컴퓨터를 켜고 이메일 박스와 회사 내부 통보서를 체크하고 나면 사무실 한쪽의 탕비실에서 커피 한 잔을 타서 두 손으로 감싸들고 자리로 돌아온다. 하루의 일과는 늘 그렇게 시작한다. 이제 40분 정도 지나면 직원들이 하나둘씩 출근한다. 그들은 갱의실에서 유니폼으로 바꿔 입고 각자의 자리로 돌아가 그들 역시 그들의 일과를 시작한다.

1998년 7월 1일 창춘지점장 발령을 받고 창춘공항에 도착했다. 공항 주기장에 멈춘 항공기의 트랩을 걸어 내려오니 트랩 아래 기다리던 도착 직원이 앞장서서 청사 쪽으로 안내를 한다. 붉은 글씨로 '到达(도착)'이라고 적힌 청사 입구를 향해 가는 중에 "잘못 왔다!"라는 말이 입에서 저절로 흘러나왔다. 허허벌판에 덩그러니 청사 건물 하나 놓여 있고 탑승교도 없는 공항에 초여름 이른 저녁인데도 아직 땔감 태우는 냄새가 천지를 진동하니 누구라도 그런 생각을 했을 것이다.

창춘은 1996년 6월 정기성 전세편으로 처음 운항했다. 이후 한·중 항공회담에서 창춘을 정기편 목적지점으로 지정하고 1998년 3월 기존 전세편을 정기편으로 전환했다. 나는 정기편 취항과 함께 창춘 시내 영업지점을 개설하고 본격적인 판매망 구축을 위해 그해 7월 1일 창춘에 도착했다.

다음 날 공항 사무실로 출근하여 직원들을 처음으로 마주했다. 지점 직원들의 소망은 겨울에 따뜻한 물 나오는 곳에서 근무하는 것이었다. 사무실이 한적하고 허름한(그때는 그랬다) 공항청사에 있었고 겨울에도 온수가 공급되지 않았으니 오죽했겠는가? 나는 이듬해인 1999년 4월 직원들의 그 소박한 소망을 현실로 바꾸었다.

창춘은 1996년 정기성 전세편으로 운항하였기 때문에 시내에 영업지점을 개설하지 못하고 공항 사무실만 두고 있었다. 한·중 항공협정은 정기편 취항의 경우에만 시내에 영업지점을 개설하도록 허용한다. 전세편의 경우에는 영업활동을 제한하여 시내에 영업지점을 두지 못하게 했다. 그러다가 1998년 7월 취임 직전 서울-창춘 노선이 정기편으로 전환되면서 시내 지점을 개설할 수 있게 되었다.

사무실 물색 대상으로 나는 두 가지 선결 조건이 있었다. 하나는 겨울에 따뜻한 물이 나오는 곳이어야 한다. 또 다른 하나는 여행사와 손님들이 쉽게 접근할 수 있는 곳이어야 한다. 창춘 샹그릴라 호텔이 안성맞춤이었다. 따뜻한 물이 나오고 접근성이 좋다. 문제는 비용이다. 비용을 고려해야 하는 지점장으로서 창춘 최고의 호텔에 사무실을 둔다는 부담감이 컸으나 다행히 운이 좋았다. 창춘 샹그릴라 호텔은 시내 중심가에 갓 개업한 최고급 호텔이다. 나는 총지배인과 협상에 나섰다. 외국계 항공사 사무실을 호텔에 두는 것이 그들의 영업과 홍보에도 유익할 거라는 나의 설득에 호텔 측이 쉽게 넘어가 주었다. 당시 아시아나는 유일한 외항사였다. 무게감이 있었다. 샹그릴라 측은 그들의 표준 사무실 임차료를 적용하지 않고 우리 회사의 임차료 지급 예산에 맞추어 계약하는 선의를 제공했다. 외국인 항공사 사무실 유치가 기업 사무실의 후속 유치에 유익하다고 판단했을 것이다.

창춘공항에서 샹그릴라 호텔로 이사하던 1999년 4월 8일 직원들의 그 기뻐하던 모습이 생생하다. 4월이면 아직도 날씨가 춥고 때때로 폭설이 내려 항공기가 운항하지 못할 정도로 추운 날도 있으니 따뜻한 물이 나오는 호텔 사무실이 얼마나 좋았겠는가?

나는 창춘지점장으로 발령받고 얼마 지나지 않아 이해하기 힘든 한 가지 판매 시스템에 직면했다. 중국 내 모든 지점은 지점마다 노선별 판매가격을 가지고 있다. 문제는 그 노선별 판매가격이 서로 다르다는 것이다. 예를 들면, 베이징-서울 구간의 항공권을 베이징 지점에서 판매하는 가격과 창춘지점에서 판매하는 가격이 서로 다르다. 한 회사의 같은 서비스 상품인데 구매하는 지역에 따라 가격이 서로 다르다. 이상하지 않은가?

중국에 쭝화(中华)라는 고급 담배가 있다. 1990년대 후반 중국에서 폼 잡기 좋아하는 사람들이 루비통 타이가(Taiga) 손가방에 항상 가지고 다니는 휴대품이 두 개 있다. 하나는 여의도 63빌딩의 모습을 닮은 노키아 디지털 핸드폰이고 또 하나는 쭝화 담배다. 별것 아닌 이 두 가지가 이들의 자존심을 지켜주고 허세의 도구로 쓰인다. 고급 식당의 원탁 테이블에 앉으면 쭝화 담배부터 손가방에서 꺼낸다. 짧은 인사와 함께 한 개비 한 개비씩 일행들이 앉은 테이블 위로 던진다. 이들은 물건을 던져서 주는 것이 무례가 아니다.

1990년대 중·후반 노키아 핸드폰은 2023년 12월 환율로 220만 원이고 쭝화 담배는 한 갑에 9천 원이 넘는다. 같은 시기 한국 담배인 솔과 디스가 1,000원~1,500원 정도였으니 고가다. 그런데 이상한 점이 하나 있다. 이 쭝화 담배 가격이 도시마다 다르고 또 같은 도시 내에서도 동네마다 다르다. 어느 지역에서는 36위안에 팔고 또 어느 지역에서는 50위안에 판다. 노키아 휴대폰도 마찬가지다. 베이징에서는

12,000위안인데 덜덜거리는 중국 택시(的士)를 타고 2시간을 달려 옆 동네 톈진으로 가면 8,000위안에 살 수 있다. 덜덜거리는 그 택시를 다시 타고 돌아와야 하지만 4,000위안을 싸게 살 수 있다. 이 이야기는 황당한 바보들의 이야기인지라 기회가 되면 나중에 하기로 하자. 어쨌든 가격이 지역마다 다르다. 똑같은 담배인데. 그래도 담배와 항공권은 달라야 하지 않겠는가? 격이 다른데.

해외 지점은 지점마다 모든 국제선의 구간별 판매 가격 테이블을 가지고 있다. 창춘지점이라고 해서 창춘-서울 구간만 판매하는 것이 아니다. 베이징-서울 구간 등 타 구간의 항공권 역시 판매한다.

창춘에 사는 리우 씨는 아시아나항공 팬이다. 물론 창춘-서울노선은 '1노선 1사*' 정책의 적용을 받아 한국과 중국 각각 하나의 지정 항공사만 운항한다. 한국은 아시아나항공이 운항하고 중국은 북방항공이 운항한다. 창춘-서울 노선에서는 대한항공을 경험할 기회가 원천적으로 막혀 있다. 아시아나항공의 팬일 수밖에 없다. 한·중 간 항공 정책이 항공사 간 경쟁을 차단하고 기존 항공사를 보호한다. 리우 씨는 아시아나항공이 서비스도 좋고 기내식도 맛있단다. 승무원이 너무 친절하다고 이야기한다. 그런 그가 서울을 가는데 개인 사정상 창춘에서 직접 가지 않고 베이징을 거쳐서 간다. 그런데 창춘지점에서 판매하는 베이징-서울 항공권 가격이 베이징에서 판매하는 베이징-서울 항공권 가격보다 훨씬 비싸다. 담배도 아닌데? 여러분이 창춘에 사

* 한 개의 노선에 양국 각각 한 개의 항공사만 운항하는 것을 말한다.

는 Mr. Liu라면 기꺼이 비싼 돈을 지불하고 창춘지점의 매출을 위해 희생할 수 있겠는가?

리우 씨에게는 이제 두 가지 선택이 있다. 하나는 베이징에 가서 아시아나 항공권을 창춘지점보다 싸게 사는 것이고, 또 하나는 창춘 소재 대한항공 판매 대리점에서 대한항공의 베이징-서울 항공권을 구매하는 것이다. 다행히 리우 씨가 베이징에서 아시아나항공 지점이나 대리점을 찾아 항공권을 구매한다면 좋겠지만 그는 창춘 소재의 대한항공 대리점을 통해 베이징-서울 대한항공 항공권을 구매할 수도 있다. 대한항공은 창춘에서 구매하나 베이징에서 구매하나 동일한 가격이니 신뢰도 있다. 그리고 창춘에서 항공권을 구매해서 가면 베이징에서 대리점을 찾아다니며 구매해야 하는 부담감도 없다. 한국 갈 모든 준비가 끝났으니 베이징으로 출발하는 발걸음도 가볍다.

개별 항공사의 배려 없는 서비스 판매시스템이 고객에게 얼마나 큰 불편을 주는지 이해했으면 좋겠다. 또 그것이 회사의 수입에도 마이너스 요인이라는 것을 알아야 한다. 창춘이라는 1차 접점에서 고객을 유치하지 못하면 고객의 선택은 넓어진다. 고객의 선택이 넓어지면 수요를 유실할 위험도 함께 커진다. 그래서 모든 지점은 같은 구간에 같은 가격을 공유하여 수요 발생의 1차 접점에서 바로 유치하는 것이 회사 수입에 유익하다고 주장했다.

개별 지점(베이징 지점)은 그 지점의 관할 노선(베이징-서울 노선)에서 달성해야 하는 매출 목표에 대한 부담이 있다. 하지만 이 때문에

타 지점(창춘지점 등)들에 비해 낮은 판매가격으로 차별화하는 것은 두 가지 측면에서 잘못되었다. 하나는 회사의 정책에 대한 고객의 신뢰도 하락이고 다른 하나는 회사의 수입 손실이다. 나는 모든 지점은 단일 가격을 공유해야 한다고 주장했다. 다들 관심을 보이지 않았지만 기회가 되면 반복적으로 주장했다. 이후 진통이 있었고 시간이 좀 걸리기는 하였지만 모든 지점이 동일한 가격 테이블을 공유하게 되었다.

창춘 시내 지점을 개설하고 1년이 지난 2000년 4월 중순. 나는 중국지역본부장의 전화 한 통을 받았다. 충칭 초대 지점장으로 발령을 낼 것이니 충칭으로 건너가 충칭-서울노선 취항을 준비하라는 것이다. 이건 또 무슨 소리인가? 나는 가고 싶지 않았다. 창춘에 온 지 20개월이 지났으니 겨울이면 영하 20도를 오르내리는 동북지역 생활에 이미 적응했다. 남은 재임 기간 2년 4개월 동안 주경야독을 위해 길림 동북아연구원 대학원에 시험을 치고 등록까지 마쳤다.

2000년 9월에는 창춘시가 주최하는 국제 도서 박람회에 협찬 회사의 자격으로 개막식 내·외빈 단상 12석 중 두 석에 앉기로 되어 있었다. 나는 중국지역본부장과 함께 앉을 요량이었다. 당시 창춘시는 10만 위안의 행사 협찬금을 지점에 공식적으로 요청하였다. 창춘시는 항공의 인·허가권을 가진 코우안빤(口岸办, Port Office)과 공항 CIQ의 실권을 행사하는 삐엔팡(边防, 공항 출입국 관리)을 통해 내게 압력을 넣었다. 나는 이를 본사에 보고하고 어렵게 미화 10,000불을 승인받아 창춘시에 협찬금으로 전달하고 대신 박람회 관련 모든 홍보에 아시아나를 소개(TV 방송 광고 포함)하는 협찬사의 특전을 얻었다. 당초 창춘시가 요구한 위안화로 지급하지 않고 달러로 지급한 것은 그럴 만한 이유가 있다. 이 사실을 보고받은 본사 부사장이 "만 불이면 만 불이고 2만 불이면 2만 불이지 10만 위안이 뭐냐?"라고 하며 달러화 지급으로 승인했기 때문이다. 그는 금호타이어 미국지사에서 근무한 경력이 있어서 그 시절을 자랑삼아 이야기하는 것을 좋아한다. 중국 위안화보다는 달러에 친근감을 가지고 있었을 것이다. 사실은 당시 환율로 10만 위안이 1만 달러보다 한화 기준 값어치가 컸다. 본사에서는 이러한 일선 지점의 행사 광고비 요청을 달가워하지 않았다. 또한 이런 전례도 없었으니 지점장이 너무 나선다고 여겼을 것이다. 일선 지점장 주제에 예산에도 없는 돈을 쓴다고 하니 누가 좋아했겠는가? 어쨌든 이 모든 일은 이제 나와 상관없는 일이 되었다. 창춘을 떠나야 하니 말이다.

나는 중국지역본부장에게 창춘에 할 일이 많다고 사양을 했다. 그는 지금 당장 가방 하나 들고 움직일 수 있는 사람은 나밖에 없으니 잔말 말고 충칭으로 가라고 명령하였다. 나는 당시 노총각이어서 딸린 가족이 없었다. 가방 하나 들면 어디든지 갈 수 있는 고도의 기동력을 확보하고 있었던 것은 사실이다. 그래도 그렇지. 웬 마른하늘에 날벼락인가? 충칭에 가고 싶어 하는 직원들도 많은데 왜 내가 아니면 안 된다는 것인가? 처음에는 사정하고 설득하는 어조로 이야기하더니 얼마 지나지 않아 수가 틀렸던지 협박으로 급선회했다.

"좋은 말로 할 때 충칭으로 갈래? 집으로 갈래?"

서울-충칭 취항 예정일이 2개월 정도 남았으니 급히 서둘러야 했다. 나는 마음이 급해지기 시작했다. 우선, 함께 갈 직원이 필요했다. 충칭에서 지점 개설 업무와 충칭-서울 취항을 함께 준비할 중국 직원이 필요했다. 나는 충칭 현지에서 한국어 가능한 중국인 직원을 채용하기도 어렵고 또 채용한다 해도 OJT 등 공항 업무 교육에 시간이 지체될 것으로 판단했다. 나는 연변에서 직원을 채용하는 것이 시간상 훨씬 유리하다는 결론을 내리고 그날 밤 창춘-옌지행 야간열차에 몸을 실었다.

창춘역에서 저녁 9시경에 열차를 타고 침대칸에 몸을 눕히면 다음 날 아침 6시경에 옌지역에 도착한다. 연변대학에 한국어와 영어가 가능한 졸업반 학생 추천을 의뢰해 놓았으니 내일 오전 학교에 가서 면접하면 된다. 열차가 덜컹거리며 창춘역을 빠져나간다. 잠들기엔 이른 시간이라 바로 옆 식당 칸으로 자리를 옮겼다. 복무원에게 캉스푸 컵라면과 하얼빈 맥주를 한 병 주문했다. 칭다오 맥주를 찾았으나 없었고 하얼빈 맥주가 눈에 들어왔다. 캉스푸 팡비엔미엔(方便面, 라면)은 한국 라면과 다른 맛이지만 나름대로 입안을 자극하는 강렬한 매운맛이 있다. 면발은 우리의 것처럼 탱탱한 질감이 없고 덜 익은 수제비를 씹는 느낌이지만 얼얼하고 기름진 마라 소스의 국물 맛이 입안에 함께 퍼지면 그래도 먹을 만하다. 덜컹거리는 식당 칸 안에 마라탕의 내음이 덩달아 흔들거린다. 하얼빈 맥주 한 잔에 얼굴이 발갛게 달아오른다. 이제 며칠 후면 나는 가방 하나 들고 창춘을 떠나 충칭으로 간다. 함께할 좋은 직원을 만나게 해 달라고 눈을 감고 기도했다.

엔지역에 도착하니 연길신문 기자가 나와 있었다. 엔지에 있는 여행사와 대리점을 만나기 위해 출장할 때면 언제나 반갑게 맞아 준다. 여느 때처럼 그가 몰고 온 폭스바겐 차를 타고 연변대학으로 향했다. 6명의 학생을 면접했고, 그중 겨울연가의 남자 주인공을 닮아 수려한 외모에 단정한 태도, 그리고 인상이 좋은 영어 전공의 남학생 한 명에 마음이 갔다. 그에게 고향을 떠나 멀리 충칭까지 가서 일해야 하는데 그럴 수 있겠냐고 물었고 그는 좋다고 대답했다. 창춘에서 충칭까지는 먼 길이다. 창춘에서 베이징까지 비행기로 2시간이 넘게 걸리고, 다시 비행기를 갈아타고 충칭까지 2시간 20분 정도를 가야 한다. 나는 그에게 부모님과 형제, 그리고 친구, 친지와 작별 인사를 하고 이틀 후에 창춘지점으로 출근해서 공항업무 OJT에 돌입하도록 했다. 그리고 3주 동안의 OJT가 끝나면 나는 그를 충칭으로 불러들여 취항 막바지 준비에 본격 투입할 작정이었다.

기차역에서부터 학교까지 그리고 다시 기차역으로 온종일 기사 역할을 해 준 연길신문 기자는 직원 채용이 끝나자마자 창춘으로 떠나려는 나를 붙들고 하룻저녁 머물고 가라며 통사정을 한다. 나는 고마움과 아쉬움을 뒤로하고 도망치듯 열차에 올라탔다. 엔지에 출장하는 날이면 도착 첫날 저녁부터 52도 바이지우(白酒)로 나를 골탕 먹이며 웃고 좋아하던 그들이다. 그들과 마주 앉아 도수 높은 바이지우를 맥주 컵으로 깐뻬이(干杯) 할 때면 마치 죽을 것처럼 괴롭다. 그래도 항상 변함없는 모습으로 반겨 주는 그들이 고맙기만 하다. 나는 열차 침대에 누웠다. 점심 반주로 한잔 곁들인 38도의 지엔난춘(劍南春) 향기가 아직도 입안에 남아 있다.

　나는 머릿속으로 장춘을 떠날 준비를 하고 있었다. 무엇부터 정리해야 하는지 하나하나 순서를 매기기 시작했다. 무엇보다 거주하고 있는 아파트의 임대계약 문제가 맘에 걸렸다. 2000년 1월 1일에 새 아파트를 임대계약했는데 4개월 만에 계약을 종료해야 하니 보통 큰일이 아니었다. 물론, 다른 월세 계약과 마찬가지로 통상적으로 12개월 임차료를 한꺼번에 선지불했거나, 아니면 3개월마다, 혹은 6개월마다 지불하는 조건으로 계약했다면 집주인이 미리 받은 돈이 있으니 괜찮겠지만, 본 계약은 월세 10,000위안을 매월 지불하기로 하고 계약하였다.

　월세를 한 달 한 달 지급하는 방식을 팡동(房东, 집주인)은 좋아하지 않았다. 나는 회사에서 주택 임차료를 한 달씩 지급하는 것을 설명하고, 그리고 지점장으로 재직하는 잔여기간 2년 반 동안 계속 거주한다는 점을 강조하여 임대차계약을 관철하였다. 그런데, 거주한 지 4개월 만에 계약을 파기하게 되었으니 팡동은 노발대발할 것이 분명하다. 임대를 위해 새로 구입한 고가의 가구에 대한 변상이 없으면 회사를 폭파하겠다고 협박할 것이다. 지린성 건달로 잔뼈가 굵었으니 혹시 모를 그 가능성을 소홀히 처리할 수는 없었다. 그는 내게 전화를 걸어 매우 흥분한 어조로 그리고 내가 예측한 그대로 "회사를 폭파하러 가겠다"라고 했다. 나는 그의 감정을 자극하지 않도록 최선의 용어를 사용하며 설득했다.

내가 임차하여 사용한 아파트는 장춘의 고급 거주지역에 위치하며, 1층과 2층 복층으로 되어 있고, 거실에는 한쪽 벽을 차지하는 초대형 스크린의 TV가 설치되어 있다. 침대, 소파, 냉장고 등 모든 가구를 최고급으로 새로 비치했으니 손해가 막심할 일이다. 팡동은 지린성 지역의 건달 출신이다. 그 아파트는 창춘시 대만 판사처(办事处) 린 처장이 내게 특별히 소개해 준 집이다. 그의 개입이 없었다면 임차료 월별 지급으로는 그러한 고급 저택을 그 가격에 계약할 수 없었다. 린 처장은 1998년 당시 창춘에 주재하는 유일한 외항사 지점장인 나에게 매우 우호적이었다. 그때는 대만 판사처 처장이 실세였다. 그래서인지 한국 가라오케 사장은 물론이고 창춘의 교수, 의사, 사업가, 건달 할 것 없이 사교 관계가 넓었다. 이곳 지린성에서 크고 작은 사업을 하는 한국인들 역시 그를 통해 민원을 해결하는 것 같았다.

하루는 그가 나를 찾아와 벤츠나 BMW, 아우디 할 것 없이 원하는 차가 있으면 공짜로 주겠으니 말만 하라고 한다. 다만, 번호판이 없으니 번호판은 알아서 달라고 한다. 사람을 찾으면 번호판을 구할 수 있다고 한다. 아니면, 다른 번호판을 달고 다니다가 옌다(严打, 공안의 불시 검문) 기간 동안은 집에 세워 두고 다른 차를 타고 다니라고 가르쳐 준다. 자기도 그렇게 타고 다닌단다. 국가의 록을 먹는 공무원이

외제 차량 서·너 대를 바꿔 가며 불법차량을 몰고 다닌다. 불시 검문 기간이 되면 자기가 미리 알려 줄 테니 걱정할 것 없다고 큰소리친다. 공안(경찰)에도 믿을 만한 네트워크를 가지고 있을 것이다. 지역의 권력과 재력가들은 이러한 관계 속에서 서로 도우며 공생하는 듯하다. 하지만, 그런 일로 그와 엮이고 싶지도 않았고, 또 항공사를 대표해서 나온 사람이 그런 범법행위를 할 수는 없어서 정중히 사양했다.

나는 집을 소개해 준 린 처장의 도움이 절실히 필요했다. 그에게 충칭으로 발령이 난 사실을 알리고 집주인에게 사정 설명을 잘해 달라고 부탁했다. 린 처장은 난감하지만 그렇게 하겠다고 했다. 그가 아니었다면 나는 충칭으로 가기도 전에 집주인으로부터 큰 수모를 겪었을지도 모른다. 나는 중국본부장의 전화를 받고 집주인의 위협을 적절히 관리하며 그렇게 지린성의 긴 봄(長春)을 뒤로하고 떠났다.

산의 도시 충칭에 이슬비는 내리고

2000년 4월 25일 저녁 7시, 나는 검은색의 날렵한 007 샘소나이트 하드 케이스 하나를 들고 이슬비가 부슬부슬 내리는 충칭 장베이국제공항(重庆江北国际机场)에 도착했다. Air China 항공편으로 베이징 서우두국제공항(北京首都国际机场)을 출발한 지 2시간이 좀 지나서다. 램프에 주기한 항공기의 트랩을 내려와 에어차이나 항공 직원의 안내에 따라 입국 게이트로 향하는 길에 두 개의 탑승 브릿지가 눈에 들어왔다. 램프에서 본 공항의 규모는 창춘과 비슷하지만 탑승 브릿지가 없는 창춘공항보다는 조금 더 현대화된 느낌이다. 초저녁이면 난방용 땔감을 태우느라 시커먼 연기와 나무 타는 냄새로 가득한 창춘과는 달리 충칭은 비교적 깨끗해 보였다. 긴 통로를 따라 걷다가 컨베이어 벨트에서 옷가지가 담긴 캐리어를 찾아 끌고 국내선 입국장을 빠져나가니 내 이름이 적힌 피켓을 들고 있는 30대 초반의 청년이 눈에 들어왔다. 나는 그에게 손을 흔들고 다가갔다.

그는 연변 조선족 자치구의 옌지시에서 태어나 거기에서 어린 시절을 보내고 또 고등학교를 그곳에서 졸업했다. 대도시에서 돈을 벌기로 마음먹고 고등학교를 졸업한 후 열차를 타고 옌지에서 창춘과 선양을 거쳐 충칭으로 왔다. 충칭에서 미술대학을 다녔으며 대학에서 와이프를 만나 일찌감치 결혼했다. 부부는 대학을 졸업하자마자 대학 때의 전공과는 상관없이 함께 여행사를 창업했다. 이제 58일이 지나면 아시아나항공의 색동날개가 한국인 관광객을 태우고 이곳 충칭으로 들어온다. 충칭-서울노선 취항 준비를 위해 오늘 이곳에 왔으니 나는 어쩌면 그가 오래도록 기다려 온 반가운 손님이었을지도 모른다.

간단한 인사를 나눈 후에 우리는 입국장을 걸어 나와 그의 도요타 오딧세이를 타고 이슬비 내리는 공항을 미끄러지듯 빠져나갔다. 어느덧 해는 져서 어둑해지고 자동차 윈도우에 부딪히는 이슬비는 지나는 차량의 불빛에 반사되어 밤하늘에 연신 비늘처럼 흩날린다. 밤거리가 궁금해 살짝 열어 둔 차창 사이로 솜털 같은 빗방울이 날려 들어와 다정스럽게 얼굴에 부딪힌다. 앞자리 조수석에 앉은 그가 뒤를 돌아보며 충칭은 사·나흘에 한 번씩 비가 오는데 많은 양은 아니고 이렇게 이슬비가 날린다고 설명한다. 그래서 충칭은 습기가 많아 남자든 여자든 피부가 좋다고 자랑한다. 시내로 이동하는 차 안에서 몇 마디 주고받지는 않았지만 우리는 유쾌했다. 서울-충칭 직항편 취항일까지 남은 58일. 생면부지의 타향에서 처음부터 하나하나 취항을 준비해야 하는 두려움과 부담감이 있지만 도움받을 사람이 있으니 내심 걱정을 덜었다.

30분 정도를 달리니 전장 1.2km의 황화위엔 대교(黃花园大桥)가 눈앞에 들어왔다. 대교 아래로는 거대한 물줄기가 흐르고 대교 건너편으로는 육중한 도시의 불빛들이 눈에 들어온다. 홍콩처럼 크고 화려한 도시가 다리 아래로 도도하게 흐르는 물줄기의 건너편에 높고 낮은 불빛으로 펼쳐져 있다. 중국의 서부 내륙에 이렇게 큰 도시가 있다니! 다리 아래로 흐르는 물줄기가 장강의 지류인 자링강(嘉陵江)이다. 자링강의 물줄기가 도시의 중심부를 감고 돌아 장강과 다시 만난다. 충칭은 장강의 상류에 위치한다. 저 물줄기가 바로 장강삼협을 거쳐 우한과 상하이로 흐르고 그것이 다시 바다로 흐른다.

장강삼협 유람은 충칭의 자링강과 장강의 도도한 물결이 서로 부딪히며 만나는 차오톈먼(朝天門)에서 시작한다. 두 마리 수컷 사자가 영역을 두고 다투듯 두 물줄기가 서로 부딪쳐 으르렁거리며 높고 낮은 물결로 빠르게 흘러간다. 그곳에서 유람선 빅토리아호를 타면 구당협, 무협, 서릉협의 삼협을 지나 충칭에서 우한까지 3박 4일의 장강 삼협 유람이 시작된다. 가는 도중에 군데군데 삼국지 명소에 들러 역사소설 속 영웅호걸들의 흔적을 찾는다. 장비묘를 찾아 그의 거대한 동상 앞에 서면 그가 들고 있는 장팔사모가 언제라도 허공을 내려칠 듯하다. 유비가 아들 유선을 제갈량한테 맡기고 숨을 거둔 백제성의 탁고당(托孤堂)에는 병든 영웅의 슬픔이 느껴진다.

황화위엔 대교를 건너 뱀처럼 감은 구불구불한 길을 오르내리다 보니 어느덧 시내로 들어섰다. 도시의 생김새가 어린 시절에 떠나온 고향 여수를 닮았다. 도시의 굴곡이 심하고 언덕배기에도 집이 더덕더덕 붙어 있는 것이 전혀 낯설지 않았다. 평지에 도시가 조성된 창춘과는 달리 충칭의 도로는 경사와 굴곡이 심하다. 그래서 그런지 다른 도시에서 흔히 보이는 자전거는 보이지 않고 오토바이가 많이 보였다. 이런 지형적인 원인으로 충칭은 일찍이 오토바이 산업이 발달했다. 리판, 롱싱, 중선 등 유명한 오토바이 제조업체가 많다. 그들이 생산하는 오토바이는 내수용으로 사용하고 또 베트남 등지로 수출한다. 베트남 오토바이 시장의 70%를 중국이 점유한다.

도로는 오가는 차량으로 혼잡했고, 어둑어둑한 밤 길가 훠궈 식당에는 사람이 붐빈다. 창춘 역시 가는 곳마다 사람이 많았는데 여기도 사람이 참 많다. 차는 어느덧 시내 중심에 있는 충칭빈관(중경호텔)에 도착했다. 나는 여정을 풀고, 김 사장과 호텔 레스토랑에서 저녁 식사를 마친 후 1층 로비 커피숍에 마주 앉았다.

충칭에서 처음 경험한 량펀(凉粉)*과 수이주위피엔(水煮魚片)**의 감칠 매운맛이 아직 입안에 남아 화끈거린다. 뜨거운 커피 한 모금이 입안의 매운맛과 닿으니 바쁘게 달려온 하루에 느긋함이 생겨난다. 나는 김 사장과 취항식 이야기를 나누었다. 취항이 6월 22일이니 정확히 58일 남았다. 보통 해외 지점을 개설할 때 지점장 인선을 거쳐 취항 90일 전에 지점장을 현지에 보낸다. 그런 통상적인 절차에 비추어 보니 시간이 매우 부족하게 여겨졌다. 취항 준비에 시간이 촉박하다는 생각이 드니 갑자기 긴장감이 돌았다. 게다가, 충칭은 다른 지역 취항과 달리 한 가지를 더해야 한다. 박삼구 회장이 취항 당일 저녁에 아시아나항공의 충칭 취항을 기념하여 한류공연을 개최하도록 지시한 것이다. 취항 준비에도 시간이 촉박한데 한류공연이라는 혹이 하나 더 붙었다.

어느덧 시간은 자정에 가까워졌다. 아침 일찍 창춘을 출발해 베이징을 거쳐 충칭에 오느라 오늘 하루는 무척 분주했다. 이제 날이 밝으면 당장 지점 사무실과 공항 사무실 구하는 것부터 시작해서 항공기 취항을 위한 사전 정지작업을 해야 한다. 시의 외사판공실, 코우안빤(Port office), 공항 CIQ(세관, 출입국, 검역) 등을 찾아다니며 항공기 운항 관련 인·허가 절차 등 대관업무를 진행해야 한다. 공항 운송업무

---

* 매운 양념의 하얀 묵 종류.

** 마라탕 생선 요리.

와 지상조업(Ground handling) 업무를 중국 항공사에 맡길지 공항공단에 맡길지도 만나 보고 결정해야 한다. 갑자기 긴장감이 돌면서 오른손의 엄지와 검지가 아랫입술을 양쪽에서 가운데로 모으고 있었다.

나는 충칭빈관 로비를 나와 호텔 앞 너른 주차장에서 김 사장을 전송했다. 안으로 들어가려다 잠깐 돌아서서 충칭에서 처음 맞이한 4월의 밤을 느끼고 있었다. 초저녁에 내리던 이슬비는 여전히 그칠 줄을 모른다. 깊은 밤 소리 없이 봄비가 내리니 날이 밝으면 세상은 새 생명으로 기뻐하겠다. 밤늦은 시간 호텔 주변 밤거리의 불빛들이 이슬비에 흩날린다. 호텔에 딸린 예종후이(夜总会, 나이트클럽)는 여유로운 발걸음들로 밤 깊은 줄 모르고, 입구로 연결된 계단으로 문 열리면 흘러나오는 음악은 주차장을 가로질러 이슬비를 비켜 밤하늘로 퍼진다.

상하이에서 두보를 만나다

나는 두보와 인연이 좀 있다. 그것은 1970년대 학교에서 두보를 배운 것 이외에, 2000년대 초 쓰촨성 청두에서, 2016년 상하이에서, 그리고 2019년 천안에서 두보를 만난 인연이 있다. 나는 소싯적 학교에서 두보를 배운 적이 있어 그가 중국 당대 최고의 시인이라는 것은 익히 알고 있었지만, 그의 시에 묻어나는 부패한 관료에 대한 분노와 좌절, 그리고 궁핍한 백성들의 삶에 대한 그의 위민정신에 대해서는 잘 알지 못했다.

내가 초·중·고등학교를 다니던 1960년대 말과 1970년대는 군사독재의 시대여서 부패한 정권을 비판하고 억압받는 평민들을 안타깝게 여기는 시인의 정신을 학교에서 잘 가르치지는 않았을 것이다. 나는 공부를 소홀히 했든 아니면 학교에서 잘 가르치지 않았든 두보의 시 하나를 외우지 못했다.

春望(춘망)

國破山河在 나라는 전란에 무너져도 산천은 그대롤세

城春草木深 겨울 긴 도성에 봄이 드니 초목만 짙어간다.

感時花濺淚 때를 알고 피는 꽃에 눈물만 흐르고

恨別鳥驚心 홀로 그리워하니 나는 새에도 가슴이 뛴다.

烽火連三月 봉화는 꺼지지 않고 한 계절을 타오르니

家書抵萬金 멀리 있는 고향 소식은 천금보다 소중하다.

白頭搔更短 백발은 빗고 빗어 하루하루 짧아져 가니

渾欲不勝簪 이제는 애를 써도 비녀만 헐겁구나.

☞ 저자가 시인 두보의 심정을 투영하여 원문을 해석하여 번역함.

내가 쓰촨성 청두에 있는 「두보초당*」을 찾은 것은 충칭과 청두 항공노선을 개설하던 2000년과 2001년 어느 하루였다. 거기에 반나절을 머물며 가는 곳마다 적혀 있는 그의 시 속에 담긴 마음을 읽어 내려 했던 기억이 있다.

내가 두보를 다시 만난 것은 상하이에서다. 충칭시 가무단(충칭가무단유한책임공사)이 심혈을 기울여 제작한 대형 무용극 『두보』의 초연이 2016년 11월 27일 19시 30분에 「상하이국제무도중심대극장」에서 관객들의 열렬한 환영을 받으며 개막했다.

2016년은 내가 인천 지점장을 끝으로 아시아나항공에서 자회사인 아시아나에어포트의 경영지원팀장으로 물러나 김포공항으로 출근하던 때였다. 햇수로 28년 동안 근무했던 아시아나항공을 떠나 자회사로 옮겼다. 비로소 '헤어질 결심(Decision to leave)'을 할 수 있었다.

돌이켜보니, 국제업무실에서 항공협정을 담당하던 6년 반을 제외하고는 나는 변방에서 비주류로서 역할을 담당해 왔다. 담양 소쇄원에 가면 초입에 작은 정자 '대봉대(待鳳臺)'가 있다. 조선의 문인 양산보(1503~1557년)가 권력의 무상함을 느끼고 낙향하여 소쇄원을 만들었고 그 입구에는 대봉대(待鳳臺)가 자리해 있다. 대봉대(待鳳臺)의 鳳은 임금을 가리키며 待의 사전적 의미는 '기다리다', '필요로 하다'이다. 해석하면 임금을 그리워하는 누각이고 조정의 소식을 기다리는

---

* 시성(詩聖) 두보가 759년부터 4년 동안 머물며 240여 편의 시를 지은 곳이다 (출처: 네이버).

정자의 의미다. 나라를 개혁하고자 했던 스승 조광조가 뜻을 이루지 못하고 죽임을 당하자 양산보는 벼슬의 무상함을 느끼고 낙향하여 은둔 생활을 시작했다. 저 대봉대(待鳳臺)에 앉아서 먼 쪽을 바라보았을 양산보를 생각하니 마음이 짠하다. 오지 않을 소식을 기다렸을 것을 생각하니 더욱 그렇다.

충칭시 가무단은 내게 공연 초청장을 보내왔다. 나는 인천에서 상하이로 날아가 두보 공연을 관람했으며, 이때부터 두보에게 인간적인 연민의 정을 품기 시작했다. 공연이 끝나고 저녁 12시경 공연 제작진과 출연진이 숙박하는 호텔 1층의 바에 둘러앉아 공연 출품인과 제작자는 내게 두보의 관람평을 요청했다.

나는 공연 전반부에 펼쳐지는 두보의 인생역정에 깊은 감동과 공감으로 눈물을 멈출 수 없었던 솔직한 관람 소감을 전했다. 두보는 당대 유명 시인으로, 그의 시는 시문학사상 현실주의의 최고봉이며, 그는 중국 시문학을 집대성한 인물이다. 조정의 관직에 올라 꿈을 펼치고자 했으나 이루지 못했다. 시인의 양심과 용기로 국가와 민족의 운명, 그리고 백성의 삶에 관심을 가졌다. 두보가 관직을 구하여 관직에 오르고 다시 관직을 버릴 때까지. 세상에 나가 처세를 하고 다시 속세를 떠날 때까지. 그의 일생이 좌절하고 방랑하며 우여곡절을 겪으면서도 귀족 관료들의 부패한 모습에 분노하고 궁핍한 백성의 삶에 가슴 아파하는 시인의 사상이 무용극 공연을 통해 나에게 그대로 전달되었다.

특히, 전반부에 보이는 두보의 인생은 열심히 살아가는 한국의 일반 샐러리맨들이 공감할 수 있는 스토리로 구성되어 매우 흥미롭고 인상적이었다. 그것은 높은 지위에 올라 뜻을 펼치고자 애를 쓰는 이 땅의 정직한 샐러리맨들이 거대한 장벽에 부딪혀 그 꿈을 이루지 못하고 떠나야 하는 모습과 너무 닮아 있었다. 무대 위 두보의 모습에서 갑자기 자신을 만나게 된다면 무슨 말을 건넬 것인가?

다만, 후반부는 파동이 없이 다소 지루하게 전개되어 몰입하지 못하는 단점이 있으니 군데군데 환기할 수 있는 재료의 투입이 필요하다는 의견을 제시했다. 내 이야기가 끝나자 출품인과 제작진은 나의 의견에 전적으로 공감하며 이후 보완하겠다고 약속하였다.

비가 내리면 꽃이 핀다

상하이에서 두보를 만나고 3년이 지난 2019년 나는 두보를 천안예술의전당에서 다시 만났다. 충청시 가무단의 대형 무용극『두보』의 한국 최초의 공연이 천안예술의전당에서 2019년 6월 7일부터 9일까지 총 3일 동안 열렸다. 나는 천안예술의전당에서 무용극『두보』의 3일차 공연을 관람했으며, 중국 특유의 화려한 의상, 배우들의 열정적인 연기, 스토리에 따라 정과 동을 넘나들며 흐르는 수준 높은 음악, 그리고 임팩트 있는 무대조명까지 3년 전 상하이 초연에서 느꼈던 그 감동을 천안에서 다시 느낄 수 있었다.

나는 충청과의 인연으로 충청시 가무단을 대신해서 무용극 『두보』
의 한국 공연을 위해 처음부터 관여하고 지원했다. 판교에서 천안예
술의전당까지 84km를 달려가 공연 일정, 비용, 무대미술, 조명, 장비
이동, 배우의 숙식 등 공연 계약에 필요한 모든 단계의 협의를 진행했
다. 나는 2019년 2월 18일 오전 10시에 천안예술의전당을 방문했으며
거기에서 유원희 관장을 처음 만났다. 유 관장은 작은 체구이지만 신
사의 풍모가 느껴졌으며 중국 공연 예술을 이야기할 때는 남다른 통
찰력이 느껴졌다. 나는 그를 처음 만나고 『두보』 공연의 성공을 확신
했다.

지금까지 국내에서 『두보』만큼 화려하고 웅장한 중국 무용극이 공
연된 적은 없었던 것 같다. 무대미술 설계용 차량으로 적재함 제원 길
이 9.6m의 화물차가 2대가 투입되고 공연 배우와 단원이 총 70명이
동원되는 대형 공연을 작품성과 예술성에 대한 확신, 문화·예술 교류
에 대한 비전과 믿음 없이는 개최하기 쉽지 않았을 것이다. 나는 두보
의 감동을 한국에서 다시 느낄 수 있도록 기회를 제공한 천안예술의
전당 관계자 여러분께 감사한 마음이다. 특별히 적극적인 리더십으로
두보의 한국 초연을 주도한 천안예술의전당 前 유원희 관장께 감사를
표한다.

코로나로 인하여 양국 간 문화·관광 교류가 잠시 억제되었으나 교
류 의욕은 조금도 식지 않았다. 충청시는 문화관광위원회 산하의 공

연예술문화 부문의 조직을 재편성하고 양국 간 문화 교류의 사업 기회를 준비해 왔다. 한·중 간 K-pop dance, 뮤지컬, 공연·예술의 교류뿐만 아니라 무용·미술·무대 디자인 등을 전공으로 하는 대학 교류를 준비하고 있다.

중국은 그간 사드로 봉쇄했던 중국인의 한국 단체관광을 2023년 8월 해제했다. 모진 들길에 구름조차 어두운 밤이 지나가니 돌아올 손님 맞을 준비에 명동이 분주하다. 2개월이 지난 지금 무엇이 달라졌을까? 지난 10월 우리나라를 찾은 중국인 관광객은 249,483명이다. 2022년 10월 대비해서는 226,543명이 증가(987.5%↑)했지만 중국이 한국 단체관광을 제한하기 직전인 2016년 10월과 비교하면 여전히 36.6%에 지나지 않는다. 코로나 이전인 2019년 10월과 비교해도 56.1%가 감소했다. 같은 기간 미국과 일본의 방한 관광객 수가 2019년 실적을 넘어섰다고 하니 중국인의 방한 관광객 회복세는 더디기만 하다. 한·미·일의 우호적인 관계와 한·중 간 정치적 경색이 국가 간 관광수요에 그대로 반영된 것일까?

2024년 서울에서 한·중 정상회담이 이루어진다면 오랜 기간 앞으로 나아가지 못했던 양국의 관계는 새로운 전기를 마련할 것이다. 이를 계기로 한·중 간 문화·예술 교류 역시 꽃피우길 기대한다. 만물이 소생하는 봄날에 때를 알고 비가 내리면 좋겠다.

春夜喜雨(춘야희우)

好雨知時節 단비가 때를 알고 내리니

當春乃發生 봄이 오는 길목에 만물이 소생한다.

隨風潛入夜 바람 따라 밤을 찾아 내려와

潤物細無聲 세상을 소리 없이 적시는구나.

野徑雲俱黑 모진 길에는 구름조차 어두운데

江船火独明 장강 나룻배의 불빛은 홀로 밝다.

曉看紅濕處 새벽녘이 붉게 물들어 바라보니

花重錦官城 금관성(청두)이 꽃 빛으로 가득하다.

☞ 저자가 시인 두보의 심정을 투영하여 원문을 해석하고 번역함.

충칭과 청두의 지역감정

충칭은 1997년 충칭직할시로 승격되기 전까지 청두와 함께 쓰촨
성에 속했다. 충칭과 청두는 339km 떨어진 서부 내륙의 최대 도시다.
서부의 의미는 중국에서 상대적으로 낙후된 12개 지역을 일컫는다.
여기에는 신장, 시장, 칭하이, 간수, 쓰촨, 충칭, 구이저우, 윈난, 광시,
산시, 네이멍구, 닝샤를 포함한다. 중국 정부는 내수 확대가 중국 경

제성장의 핵심이라고 판단하고 서부 12개 지역을 대상으로 1999년 서부 대개발 사업에 착수하였다. 이로 인해 2008년부터 서부지역으로 다국적 기업 진출의 2차 붐이 일었고 서부지역 외국인 직접투자(FDI)는 중국 전체의 13.2%를 차지하였다. 2009년 7월 기준 세계 500대 기업 중 134개 기업이 청두에 입주했으며, 같은 해 10월 기준 113개 기업이 충칭에 입주했다.

2023년 중국 10대 여행 도시 중 충칭이 1위를 차지하고 청두가 4위에 올랐다. 아시아나항공은 이 두 도시의 미래 관광 성장성을 예측하고 2000년과 2001년에 연이어 직항로를 개설했다. 그러나, 개설 초기에는 아직 한국과의 교류도 많지 않았고 한국 관광객에게도 잘 알려지지 않았다. 2000년 4월 충칭-서울 정기편 취항 준비를 위해 충칭에 도착했을 때 한국 사람이라고는 딱 세 명 있었다. KBS-1TV의 인간극장 5부작 「충칭의 별」로 유명한 충칭 리판팀의 축구 감독 이장수. 현대엘리베이터 충칭 지사에 근무하다 그만두고 여행사를 차린 김수동 사장. 그리고 나다. 한국 교민도 없었을뿐더러 현지인들 역시 외국과의 직항로 개설이 부족하여 아직 지방도시에서 해외관광을 떠나는 수요는 제한적이었다. 충칭과 청두는 이러한 연유로 시장수요의 개발 초기에 어려움이 많았다. 충칭시 천지와(陈际瓦) 부시장은 운항 초기 수요부족으로 어려움을 겪는 충칭지점을 위해 공항 착륙료, 주기료 등 공항시설 사용료를 연간 90%를 할인하는 지원을 제공했으니 그 고마움을 말로 다 할 수는 없겠다.

충칭과 청두는 서부 대개발의 중심 도시로 그 성장성이 주목받아 왔다. 두 도시는 가까운 거리에 있지만 서로 다른 점이 많다. 충칭은 늘 부슬부슬 비가 내린다. 어쩌다 해가 뜨는 날이면 동네방네 빨래한 옷을 창밖으로 내놓고 햇볕에 말리는 모습이 다정스럽다. 오죽했으면 충칭에 해가 뜨면 동네 강아지들이 다 뛰어나와 짖고 다닌다고 했겠는가?

청두는 내륙 분지에 자리해서 안개가 끼는 날이 많다. 인천에서 항공기가 운항하는 날이면 무척 신경이 쓰인다. 기상 상태가 좋지 않은 날은 일찍 출근해야 한다. 본사 운항통제센터나 인천공항 총괄사무실에서 청두의 기상 상태를 확인하기 위하여 일찍부터 연락해 온다. 안개로 인하여 항공기 착륙에 필요한 가시거리가 나오지 않으면 항공기를 운항하지 못한다. 청두는 새벽녘에 안개가 짙게 끼다가도 오전 11시경 항공기 도착 시간 이전에는 언제 그랬냐는 듯 안개가 걷힌다. 인천에서 항공기가 출발할 시점이면 청두 공항에 안개가 가득하다. 본사에서는 항공기를 정시에 출발시켜야 할지, 지연해야 할지 걱정이다.

본사에서 공항의 안개 상황을 시시각각으로 물어오면 그때마다 나는 나를 믿고 정시에 띄우라고 말한다. 서울에서 항공기 출발 시점에는 청두 쌍리우공항에 안개가 가득하다. 여차하면 선풍기 부대라도 동원해서 활주로로 나가야 할 판이다. 그러나 서울 출발 항공기가 청두에 도착하기 한 시간 전쯤에는 청두공항의 하늘은 어김없이 말끔히 갠다는 것을 잘 알고 있다. 만약 도착 시점에도 안개가 많이 끼는 경우는 인근 대체 공항인 충칭 장베이공항으로 착륙해야 한다. 그런 경우는 없었다.

지형적으로 충칭은 산이 많고 굴곡이 심해 산의 기세가 드센 산의 도시다. 반면에 청두는 쓰촨분지의 넓고 넓은 청두평원에 위치하여 농업이 발달했다. 그래서 그런지 충칭은 사람들이 다혈질이 많아 시내 도로에서 차를 세워 놓고 운전자끼리 서로 싸우거나 아니면 대로에서 남녀가 편을 이루어 주먹을 주고받으며 싸우는 모습을 볼 수 있다. 창춘에 있는 22개월 동안 거리에서 싸우는 모습을 단 한 번도 본 적이 없었으니 충칭의 이러한 모습은 낯설었다. 사람들 사이에 다툼이 발생하면 청두 사람은 차근차근 말로 해결하지만 충칭은 주먹으로 해결해야 직성이 풀린다.

넓은 평원에 자리한 청두는 먹을 것이 풍족하여 사람들이 여유롭고 느리다. 돈을 쓰고 즐기는 낙천적인 성향이 짙어 이러한 성격은 그들의 생활 속에 그대로 나타난다. 예로부터 곡창지역 사람들이 수확이 끝나면 여유가 생겨 차 마시고 마작하는 습관이 그대로 전해져 내려온 것일까? 청두는 한 집 건너 한 곳이 차관(茶馆)*이고 발 마사지 업소가 큰길을 따라 즐비하다. 인도를 따라 걷노라면 차관 이층에 삼삼오오 모여 마작하는 달그락달그락 소리가 창문을 통해 밖으로 새어 나온다. 도심을 벗어나 외곽으로 가면 영세한 규모의 업소도 있지만 시내에는 대부분 일정 규모와 시설을 갖춘 호화스러운 대형 업소가

---

* 중국 찻집으로 마작을 할 수 있도록 여러 방이 구분되어 있다.

많다.

청두에서 멀리 떨어진 쓰촨성 각 도시의 어린 소년 소녀들이 돈을 벌기 위해 고향을 떠나 청두로 몰린다. 상하이에는 월급(月)을 받으면 몽땅 써버린다(光)는 월광족(月光族)이 있다. 이들은 1980년대 이후에 출생한 자들로 상하이의 새로운 소비 세력으로 등장했다. 청두 역시 '100위안을 벌면 80위안을 소비한다'는 높은 소비문화가 이어져 내려온다. 이 여유로운 청두의 소비문화가 쓰촨성의 여러 시골 지역에서 나고 자란 10대 후반의 소년 소녀들을 청두로 모이게 한다. 인공위성 발사기지가 있는 시창시(西昌市)에서, 낙산대불이 있는 러산시(乐山市)에서, 그리고 중국 명주 우량예의 주조 공장이 있는 이빈시(宜宾市)에서 그들은 도시 생활을 동경하고 청춘의 꿈을 좇아 집을 떠나 청두로 향한다.

충칭은 청두 사람을 교활하다고 하고 청두는 충칭 사람을 얼바이우(二百五)*라고 얕잡아 부른다. 두 지역 사람들 간에는 지역감정이 존재하여 곳곳에서 경쟁한다. 예를 들어, 우리 정부는 2005년 2월 26일에 서부 내륙지역인 쓰촨성, 충칭직할시, 윈난성, 구이저우성을 관할하는 대한민국 총영사관을 청두에 개설했다. 총영사관이 청두로 결정되기 전에 충칭시는 한국 총영사관을 청두에 뺏기지 않고 충칭에 유치하기 위해 갖은 애를 썼다. 충칭시에는 이미 일본 총영사관이 있다. 한국 총영사관까지 유치한다면 충칭은 동북아 주요 2개국의 영사

---

* 바보, 머저리를 일컫는다.

관을 충칭에 두는 것이다. 한국 총영사관은 결국 미국 총영사관이 있는 청두에 자리를 잡았다. 2023년 현재 잠정 폐쇄한 것을 제외하고 외국 총영사관이 충칭에 12개, 청두에 20개가 있으며 주 청두 미국 총영사관은 지난 2020년 트럼프 정부 때 중국과의 갈등으로 폐쇄했다.

중국 국내 관광 부문에서는 충칭이 청두보다 우위에 있다. 2023년 중국 최대의 명절인 국경절 기간 중 중국의 관광목적지 순위 평가에서 충칭이 2위에 그리고 청두는 15위에 올랐다. 또한, 2022년 중국 도시의 관광 영향력 순위에서는 충칭이 1위에, 그리고 청두는 20위에 올라 관광 부문에서는 충칭이 줄곧 청두를 앞섰다. 중국 국내 여행 성수기가 오면 충칭 자링강을 내려다보는 거대한 황금 불빛의 홍옌둥(洪崖洞)˙ 앞 긴 도로는 타지에서 온 관광객들로 인산인해를 이루어 집나온 강아지 한 마리도 비집고 다니기 힘들 정도다.

2005년의 자화상

2006년은 항공자유화 무드를 타고 LCC의 시장진입이 시작되었다. 항공자유화는 노선 및 공급력에 관한 정부의 간섭을 제거하여 항공소비자의 편익을 증진하고 국가 간 관광과 무역을 촉진한다. 항공자

˙ 홍야둥이라고도 한다. 자링강(장강의 지류) 옆 절벽에 있던 군사 요새를 개조해 복합 엔터테인먼트 단지로 꾸민 충칭의 야경 명소다(출처: 네이버 지식백과).

유화는 신생 항공사의 출현과 자유로운 시장진입을 촉진한다. 항공자유화를 기반으로 신생 항공사들이 시장에 진입하면서 기존 대한항공과 아시아나항공의 복수 항공사 경쟁 구도가 저비용 항공사 경쟁체제로 옮겨가기 시작했다. 2005년은 항공자유화에 의한 LCC의 시장진입을 앞두고 두 항공사가 미래를 준비해야 하는 중요한 해로 기록된다.

2006년 6월 중국의 산동성·하이난다오에 국한된 한·중 항공자유화협정이 비록 제한적인 항공자유화협정이기는 하지만 이는 동북아 항공자유화의 가능성을 대외에 선포하고 그 시그널을 시장에 보낸 것으로 국적 LCC의 출현 및 국제선 시장진입 의욕을 자극하기에 충분했다.

2006년은 제주항공의 출범을 시작으로 그간 한국 항공산업의 성장을 주도해 온 대한항공과 아시아나의 경쟁체제가 새로운 LCC 경쟁체제로 전환하는 신호탄을 쏘아 올린 해였다. 양 대형 항공사의 기존 경쟁방식은 이제 새로운 전환 압력에 직면하여 힘의 균형이 이동하는 변곡점에 직면하였다. 인텔의 전 CEO인 앤드루 그로브(Andrew S. Grove)는 전략의 근본적인 변화가 필요한 중대한 전환점을 전략적 변곡점으로 표현했다.*

시장의 요구와 회사의 핵심 역량이 일치하지 않는 것을 전략적 부조화 현상이라고 하고 이 전략적 부조화가 인지되는 시점이 전략적 변곡점이다. 항공자유화라는 새로운 시장 질서가 가져온 LCC의 경쟁

---

* 『Only the Paranoid Survive: How to Exploit the Crisis Points That Challenge Every Company』

도전에 직면하여 대한항공과 아시아나항공이 대외에 공개하고 보여준 2005년과 2006년 그들의 기업 상황과 전략은 이후 성장이냐? 쇠퇴냐?를 결정짓는 전환점으로 작용했다.

한국경제(2005)에 따르면, 영국 이코노미스트誌는 2006년 세계 전망(The World in 2006)에서, 2006년은 기업들이 무엇인가를 하지 않고는 못 견디는 '동물적 본능(Animal spirits)'을 십분 발휘하여 신규 사업에 적극적으로 뛰어들 것으로 전망했다.[*]

2006년은 금호아시아나그룹의 창사 60주년이 되는 해이며 또 하나의 60년을 시작하는 시발점이다. 금호아시아나그룹 회장은 대우건설을 인수하여 건설업계 1위에 등극하고, 대한통운을 합병하여 세계적인 종합 물류업체로 거듭난다는 계획을 밝혔다. 이를 통해 가까운 미래에 재계 5대 그룹으로 도약하고 또 다른 60년이 끝나는 2066년에는 종업원 100만 명 시대를 실현하겠다는 포부를 밝혔다.

2005년 3월 24일, 대한항공은 인천공항 업무지역에 소재한 인천 하얏트리젠시호텔에서 열린 대한항공 새 유니폼 발표회에서 '세계 항공업계를 선도하는 글로벌 항공사'의 비전을 선포했다. 대한항공은 2005년 10월부터 객실 승무원, 운항 승무원, 지상근무 직원 등 전 직종의 유니폼을 단계적으로 교체하고 기내 시트 색상 변경 등 기내 인테리어 개선에 'New CI' 추진을 본격화했다. 주문형 오디오·비디오 시스템(AVOD, Audio & Video On Demand)을 전 좌석에 장착 하고 기

---

[*] 한국경제(2005. 11. 30.)

내 인터넷 서비스 개선과 기내서비스 환경의 품질 향상에 착수했다.

'패션건축가(The Architect of Fashion)'로 알려진 이탈리아 패션 디자이너 지앙프랑코 페레(Gianfranco Ferré)가 대한항공 승무원 유니폼을 디자인했다. 패션 거장의 명성과 디자인을 품은 승무원 유니폼은 당시 업계에 센세이션을 불러일으키기에 충분했다. 대한항공 승무원은 너나 나나 할 것 없이 서비스 자존감이 향상되었다. 다가오는 LCC 경쟁 시대의 전환점에서 대한항공이 자사를 고급화하고 차별화하여 미래의 경쟁구도를 주도하겠다는 분명한 의지를 대외에 선포하였다.

대한항공 회장은 유니폼 발표회 이후 가진 기자간담회에서 LCC 출현에 대한 대비책을 묻는 기자의 질문에, "LCC의 진입으로 저가 경쟁이 심해지면 대한항공이 직접 저가항공사로 나설 수 없으니 별도의 LCC를 설립할 겁니다. 언제든지 때가 되면 LCC를 만들 준비는 끝났습니다"라고 대답했다. 내부적으로 이미 LCC 경쟁 시대에 대한 검토를 끝내고 대비책을 마련하였다. 대한항공의 서비스 품질 수준을 향상하여 고가 수요 유치에 차별화하고, 향후 적절한 시기가 오면 LCC를 만들어 저가 수요에 대응한다는 투-트랙 전략(Dual track strategy)을 시장에 분명하게 밝혔다.

대한항공이 구체적인 LCC 대응 전략을 대외에 공표한 것과는 다르게 아시아나항공은 어려운 경영 환경에 붙들려 있었다. 조종사 노조의 파업을 막지 못하고 노사 간 강대강 대치 국면을 초래했다.

2005년 7월 17일 정오 아시아나 조종사 노조가 파업을 시작했다. 파업이 장기화하자 정부가 파업 24일 만에 긴급조정에 나섰다. 노동부장관의 긴급조정 결정 공표문(2005. 8. 10.)에 따르면, 파업을 시작한 7월 17일부터 8월 9일까지 여객 493,000명, 수출화물 19,000톤의 수송 차질을 빚어 회사는 1,649억 원의 매출 손실을 입었다. 또 항공기 운항 중단의 파급 영향으로 인한 수출업계(778억 원 추산)와 관광업계(806억 추산)의 손실을 포함하면 직·간접 피해액이 3,233억 원에 달했다.

경제적 손실만 있는 것이 아니다. 여름 성수기 파업으로 항공편 스케줄을 제대로 소화하지 못하니 항공을 이용하는 국민의 불편이 크다. 파업이 쉽게 끝날 것 같지도 않다. 노조 관계자는 "아쉬운 사람이 우물을 판다고 노조는 서두를 일이 없다."라며 끝까지 갈 태세다. 회사 역시 이 기회에 본때를 보여야 한다고 물러날 기색이 없다. 정부는 더 큰 사회적 피해를 우려하여 노사 쟁의행위에 긴급조정을 결정하였다. 조종사 파업 한 달만인 8월 18일 아시아나항공의 국내선 운항은 정상화되었다. 회사는 국민에 대한 사죄의 표시로 18일 하루 동안 제주를 제외한 국내선 67편을 대상으로 무료 탑승 서비스를 실시했다. 무료 항공편을 이용하기 위해 밀려드는 전화를 소화하느라 일반 부서의 직원들까지 예약에 동원했던 일을 기억한다.

2005년 7월의 조종사 노조 파업은 여름 성수기의 항공 이용객에게

---

* 헤럴드POP(2005. 8. 3.)

큰 불편을 초래했다. 공공의 이익과 편의를 추구하는 회사의 이미지에 타격을 주었다. 무엇보다 노사는 서로에게 상처와 불신을 남겼다. 2005년, 2006년은 저비용항공사의 출현 및 시장진입이 예상되어 항공업계의 판도 변화가 시작되는 중요한 시점이었다. 회사가 전사적으로 힘을 한곳으로 모아 미래를 준비해야 했다. 대한항공은 새 유니폼 발표회를 시작으로 자사 객실서비스의 고급화와 차별화를 선포하였다. 인천-뉴욕 구간의 퍼스트 클래스에 코쿤 시트를 도입하고 비즈니스 클래스에는 프레스티지 플러스 시트를 적용하였다. 급변하는 경쟁 환경에 직면하여 효과적 대응이 필요한 전략적 시점에 아시아나항공은 경쟁력과 상관없는 조종사 노조 파업에 모든 체력을 소모하였다.

항공운송산업의 판도 변화가 예상되는 시점에, 성장이냐 쇠퇴냐의 전략적 변곡점에 위치하여, 새로운 성장 기회를 모색해야 하는 대한항공과 아시아나의 대응과 경영 환경에는 차이가 있었다. 이후 LCC 진입으로 시장의 판도 변화가 가시화하자 대한항공은 당초 수립한 계획에 따라 2008년 1월 23일 자회사 LCC인 진에어를 설립하였다. 뒤를 이어 아시아나는 같은 해 2월 14일 에어부산에 투자협약을 체결하였다. LCC를 만들 계획이 없다는 기존 태도에서 궤도를 수정하였다. 대한항공이 100% 지분을 보유한 자회사 진에어를 설립한 지 3주가 지나서 아시아나항공은 부산광역시 향토기업들이 설립한 에어부산에 220억을 투자하여 지분 46%를 보유하였다. 부산시 기업들의 지분 참여 요청을 수용하였다.

2005년 두 항공사의 자화상이 지금의 모습을 반영한다.

일본과 중국에 우리의 하늘을 열자고 한 이유

산동성 웨이하이에서 한·중 항공회담이 열리기 4개월 전인 2006년 2월 대한항공 사장이 인상적인 인터뷰를 했다. 그는 향후 2~3년 내 한·중, 한·일 항공자유화가 실현될 것이며 특히 한·중 노선의 경우 중국이 시장개방에 더욱 적극적이라는 점을 강조하였다. 그해 6월에 한·중 항공자유화협정이 제한적으로 체결되었다. 일 년 후인 2007년 8월에 한·일 항공자유화협정이 체결되었다. 그가 했던 말 그대로 되었다. 대한항공이 동북아 항공자유화에 대한 분위기 조성에 나섰다. 기득권 방어에 열의를 보였던 대한항공이 동북아 항공자유화를 들고 나온 이유는 무엇일까?

2006년 3월 21일 파리에서 한·프랑스 항공회담이 열렸다. 항공사 복수제 논의를 안건으로 상정한 회담이었다. 복수제란 대한항공과 에어프랑스만 운항하던 인천-파리 노선에 아시아나항공 등 다른 복수의 항공사가 운항할 수 있도록 허용하는 제도다. 대한항공의 절친인 프랑스 측이 이를 거절했으며 6개월 후 재논의하기로 하고 회담을 결렬시켰다. 회담이 끝난 직후에 대한항공은 한·프랑스 항공회담과는 거리가 먼 동북아 항공시장의 항공자유화를 언급하였다. 대한항공은 정부가 한·프랑스 항공시장을 여는 데 주력하기보다 우리나라 항공수요의 절반을 차지하는 중국과 일본의 항공자유화를 추진하는 게 우선이라며 파리에 쏠린 시선을 중국과 일본으로 돌리고자 하였다. 중국과 일본을 개방하여 저가경쟁을 허용하더라도 장거리인 파리는 방어하겠다는 대한항공의 속셈을 드러냈다.

또한, 중국과 일본 노선은 자유화를 추진하고 동남아 노선은 공급을 늘리는 등 건교부는 항공사 간 다툼이 일어나지 않도록 배려해야 한다면서 동북아 항공자유화와 동남아 노선 공급력 증대를 언급하였다. 이 역시 같은 맥락으로 동북아 항공자유화는 허용하고 파리노선은 방어한다는 전략이다. 사실 아시아나항공은 오래전부터 파리 취항을 모색해 왔다. 대한항공과 그의 절친 파트너인 에어프랑스는 파리노선의 항공수요가 복수 항공사 취항 조건이 성숙되는 시기를 지연시켰다. 또 항공사 복수제를 의제로 설정한 2001년과 2006년의 항공회담을 결렬시키고 후발 항공사인 아시아나의 파리 진입을 방어해 왔다.

대한항공이 한·중, 한·일 항공자유화를 주장하는 데는 그 배경이 있다. 대한항공은 한·중 노선에서 취항 도시 및 운항 횟수, 그리고 여객 운송실적 측면에서 아시아나항공 대비 열세다. 두 건의 사고 즉, 괌 여객기 사고와 런던 화물기 사고로 대한항공은 18개월 동안 운수권 배분이 제한되었다. 그 제재 기간 중 아시아나는 중국 노선으로 취항을 확대했다. 중국 노선에서는 아시아나가 유일하게 취항 도시 1위의 지위를 굳히고 있으니 대한항공은 차라리 중국 노선을 자유화하는 것이 유리하다고 판단할 수 있다.

아시아나는 일본 노선에서 오랜 기간 설움을 겪었다. 1989년 1월 서울-도쿄에 취항한 이후 10여 년 동안 한 많은 세월을 보냈다. 대한항공은 도쿄 노선에서 주 28회 즉, 매일 4편의 항공기를 운항했다. 아시아나항공은 주 5회 즉, 하루 한 편도 되지 않는 운항 스케줄을 운영했다. 그러다가, 건교부는 지난 2001년 한·일 항공회담에서 확보한 서울-도쿄노선 주 21회에 대한 운수권 전량을 아시아나에 배분했다. 아시아나항공은 평생의 숙원사업을 해결했지만, 대한항공은 선발 항공사의 우월적 지위가 무너졌다. 차라리 한·일 노선 역시 완전 자유화하는 것이 유익하다는 판단을 할 수 있다.

이렇듯 대한항공은 중국, 일본 등 단거리 노선의 우월적 지위를 상실한 상황에서 중국과 일본은 다가올 LCC 경쟁 시대를 대비해 항공자유화하고 대신 장거리인 파리 노선은 방어에 집중하는 전략이 자사에 유리했다. 대한항공은 한·일, 한·중 항공자유화를 부각하여 모든 시선을 중국과 일본 노선에 집중시키고 파리를 방어하고자 했다. 아시아나항공은 그로부터 2년이 지난 2008년에 파리 노선에 입성했다.

가을(秋):

저비용 항공사의 감동

잠 못 이루는 산동의 밤

많은 국가의 항공 당국은 전통적으로 기존 대형 항공사의 기득권을 보장하는 것이 외견상 시장의 안정적인 성장과 국가의 항공운송산업 발전에 유익한 것으로 판단하는 성향이 있다. 당국은 정기편 또는 전세편에 대한 규제적 조치를 통해 시장에 개입하고 영향력을 행사한다. 이와 같은 정부의 간섭은 신생 항공사의 시장진입을 어렵게 하고 또 시장성장을 왜곡한다.

항공 및 관광수요는 국가 간 항공운송협정의 규제적 성격의 영향을 받는다. 기존의 양자 항공운송협정 체제에서는 신생 항공사의 시장진입, 신규 노선의 개설, 기존 노선의 공급력 증대 등 운항 관련 모든 주요 사항이 매번 항공회담에서 협상을 통해 결정된다. 양국은 회담에서 자국 항공사의 이익을 반영한 보호적 성격의 어젠다를 기반으로 협상에 임한다. 그 회담에서 도출된 결과 역시 보호적, 규제적 성격을 띠게 된다.

그러나, 항공자유화정책은 이와 본질적으로 달라 기존 양자 항공협정이 갖는 규제적 성격은 제거하고 항공기 운항 관련 사항을 자유화하였다. 미국 및 유럽을 비롯한 세계의 여러 국가가 시장 지향적인 항공자유화정책을 그들의 새로운 국제표준으로 채택하면서 자국의 국내·국제 항공시장에 대한 규제를 점진적으로 완화하였다.

LCC는 이러한 항공자유화를 기반으로 성장했다. 항공자유화와 동반 성장한 LCC들은 저가의 경쟁력을 무기로 혁신적인 항공 서비스를 제공하면서 글로벌 항공 및 관광수요의 성장을 견인하였다. 한때 높은 진입장벽에 의해 보호되던 곳에 성공적으로 진입하여 낮은 운임을 통해 수요의 저변을 확대하였다.

우리나라 역시 항공자유화의 기회에 편승하여 여러 저비용항공사가 출범했다. 이들은 새로운 저가 수요층을 형성하고 아시아 국가를 중심으로 중·단거리 항공 및 관광시장의 수요 성장을 주도하였다. 국적 LCC가 일본 및 동남아 노선의 시장입지를 확대하면서 중·단거리 시장의 힘의 균형은 LCC 경쟁 시대로 옮겨 가고 있다.

2006년 6월 12일부터 16일까지 산동성 웨이하이에서 한·중 항공회담이 열렸다. 회담에서 양국은 2010년 IATA 하계 스케줄*이 시작되는 시점을 양국 간 3·4 자유 운수권**을 완전 자유화하는 해로 설정했다.

---

* IATA 하계 스케줄은 매년 3월 마지막 주 일요일에 시작하며 동계 스케줄은 매년 10월 마지막 주 일요일에 시작한다.

** 3 자유 운수권은 자국에서 상대국으로 여객과 화물을 운송할 수 있는 권리이며

그 첫 번째 단계로 중국의 산동성과 하이난다오를 자유화하기로 합의했다. 산동성·하이난다오와 한국 간에 노선, 운항 횟수, 운항 항공사 수에 대한 제한을 폐지함으로써 제주항공 등 신생 국적 LCC는 산동성과 하이난다오에 제약 없는 시장진입이 가능해졌다.

일반적으로 국가 간 항공회담은 양국이 번갈아 개최하며 특별한 경우가 아니면 회담 개최국의 수도에서 열린다. 한·중 항공회담이라면 한국은 서울에서 그리고 중국은 베이징에서 개최하는 것이 보통이다. 그럼, 산동성의 웨이하이에서 항공회담이 열린 건 무슨 의미가 있을까?

산동성은 2006년 인구가 9,500만 명(2020년 현재 1억 153만 명)이고, 면적은 남한의 1.5배다. 성정부 소재지인 지난을 비롯하여 웨이하이, 옌타이, 칭다오 등 주요 도시가 있고 삼성, LG 등 10,000여 개의 국내 기업들이 진출한 양국 교류의 요충지다.*

중국 정부는 랴오둥반도와 산둥반도로 둘러싸인 발해만 지역을 2000년대 중국의 경제 중심으로 지정하였다. 톈진을 중심으로 다롄, 칭다오 등 환발해 경제권을 집중적으로 육성해서 광동성 인근의 주강 삼각주와 상하이 푸둥이 위치한 장강 삼각주와 함께 중국 경제발전의 한 축으로 만들 계획이다. 중국은 이러한 환발해만 경제개발 정책과 함께 산동성 항공시장을 시범적으로 개방한 것은 산동성을 중심으로

---

4 자유 운수권은 상대국에서 자국으로 여객과 화물을 운송할 수 있는 권리다.
* 머니투데이(2006. 6. 16.)

한국과 경제 교류를 촉진하려는 중국의 복안이 작용하였다. 산동성에서 항공회담을 개최한 이유다.

2006년 6월 5일 국내선에 취항한 제주항공은 국내선 운항 경험을 축적하고 일정 기간 안전 검증을 거친 후 국제선에 진입하는 것이 다음 순서다. 국제선 진입을 위해서는 운항 목적지를 운항할 수 있는 운수권이 필요하다. 항공자유화협정을 체결한 국가가 아닌 경우, 필요한 운수권은 해당 국가 간 항공회담을 통해서 확보하며 이를 국내 배분 절차를 통해 항공사에 배분한다. 이 때문에 운수권을 확보해서 실제 운항하기까지는 많은 시간과 정력이 필요하다. 신생 LCC로서는 운항 초기에 운수권의 부재로 경쟁력을 확보하기가 쉽지 않다. 한·중 노선과 한·인도네시아 노선이 여기에 해당한다. 그러나, 항공자유화협정이 체결되어 있으면 사정은 다르다. 신생 항공사의 시장진입에 제약이 없으니 취항 초기부터 항공사 입맛에 맞는 경쟁 전략을 전개할 수 있다. 한·일 노선과 한·동남아 대부분 노선이 여기에 해당한다.

2006년 한·중 항공회담으로 중국 전체시장이 자유화한 것은 아니지만 산동성의 항공시장을 개방한 것은 제주항공 등 국적 LCC의 꿈을 자극하기에 충분하다. 국적 LCC의 잠 못 이루는 산동의 밤이 시작되었다.

저비용 항공사와 장거리 저비용 항공사

LCC란 일반적으로 대형 항공사(FSC) 대비 운임은 낮고 편안함은 떨어지는 항공사를 말한다. 이들은 낮은 운임에 의한 수입 손실을 보전하기 위하여 식음료, 우선 탑승, 선호 좌석 배정, 수하물 등과 같은 부대 서비스를 유료화한다.

LCC는 '낮은 운임으로 자주 운항'하는 것을 원칙으로 한다. 그래서 LCC의 활동무대는 중·단거리 노선이며, 장거리 노선은 그들의 비즈니스 모델에 적합하지 않다. 물론, 장거리 노선을 운항하는 LCC가 있으며 이를 장거리 저비용 항공사라고 한다. 프리메라항공(Primera Air), 와우에어(Wow Air), 노르웨지안항공(Norwegian Air Shuttle) 등 유럽 항공사들이 장거리 저비용 항공사를 표방하며 대서양횡단 노선을 운항했지만 모두 파산했다. 대서양횡단 노선에서 성공적으로 운항한 장거리 저비용 항공사는 없다. 또한, 아시아에서는 홍콩에 허브를 둔 Oasis Hong Kong Airlines가 홍콩에서 밴쿠버와 런던 게트윅을 운항했지만 누적 적자로 운항을 중지했다.

저가를 핵심 무기로 한 LCC가 단거리 노선에서는 대형 항공사 대비 원가 경쟁력 우위에 있지만 장거리 노선에서는 그러하지 못하다. 인건비를 제외하고 대형 기재의 사용, 연료 소모량, 운항 횟수 등의 측면에서 대형 항공사에 비해 비용을 차별화할 만한 요인이 많지 않다. 팬데믹 이후 항공운송산업이 회복되면서 장거리 저비용 항공사의 가능성이 다시 시험대에 올랐다. 우리나라 역시 팬데믹 이후 장거리 저비용 항공사를 표방하는 에어프레미아가 최근 미국의 로스앤젤레스와 뉴욕(EWR), 그리고 유럽의 프랑크푸르트에 진입했다. 에어프레미아는 대한항공과 아시아나항공이 운항하는 존·에프·케네디공항(JFK)을 운항하지 않고 뉴왁공항(EWR)을 운항한다. 국적 LCC 중 최초로 미국과 유럽 노선에 진출하였으며 Big 2의 합병이 진행 중인 시점에 그 전략적 기회를 포착하여 취항 시기를 서둘러 결정하였다.

2023년 10월 9일 인천공항을 출발해서 10월 14일 뉴욕에서 돌아오는 국적항공사의 항공편 가격을 각사의 예약 사이트에서 검색해 보았다. 대한항공과 아시아나항공은 검색 당시 사이트에서 보이는 가장 낮은 이코노미 가격을 선택했으며, 에어프레미아는 이코노미 좌석의 스탠다드 가격을 선택하였다. 아시아나항공은 2,927,100원, 대한항공은 2,909,500원으로 역시 아시아나가 대한항공보다 가격을 높게 책정하였다. 물론 별 차이는 없다. 같은 옷을 맞춰 입은 느낌이다. 합병 이후 이러한 가격 구사 전략은 이미 작년 여름 인천-뉴욕 구간 항공권을 구매하면서 경험한 것이라 놀랍지는 않다.

에어프레미아는 이들보다 약 100만 원 정도가 저렴한 1,892,900원의 가격을 제공한다. Garda and Marn(1993)에 따르면, LCC가 경쟁력을 가지려면 항공료가 FSC 대비 최소 30%가 낮아야 한다. 에어프레미아는 대한항공 대비 35% 낮은 가격대를 제공하여 가격 경쟁력을 유지할 수 있는 범위 안에 있다. LCC는 비용 절감 요인이 많지 않은 장거리 노선에서 대형 항공사 대비 저렴한 가격을 유지하는 것이 관건이다. 벨리(Belly)* 탑재 화물의 판매 수입과 부대 수입 등 수익원을 확대하는 노력이 있어야 한다. 뉴왁공항(EWR)의 인센티브를 파악하여 적극 활용하는 것도 중요하며 승무원 비용 통제 등 운항비용을 절감하는 노력도 필요하다. 운항 노선의 양 지점에서 유치 가능한 지선 수요를 물색하고 연결하는 전략적 협력관계의 리더십 또한 중요하다.

지금은 팬데믹으로 억눌린 수요가 존재하고 또 미·중 항공 노선의 회복이 지연되면서 미국으로 가는 많은 중국인의 인천공항 환승수요가 존재한다. 억눌렸던 수요가 진정되고 또 미·중 간 항공 관계가 예전처럼 또는 예전보다 좋아져 오히려 중국 항공사들이 미국으로 가는 한국인 수요를 베이징 공항 또는 상하이 공항에서 환승하는 전략을 시도하면 어떻게 대응할 것인가? 항공수요에 우호적인 지금의 환경이 미래 급변하는 경우에도 변함없는 원가 경쟁력을 유지할 수 있는 리더십이 필요하다.

NYU에서 뮤직 테크(Music technology)를 공부하고 있는 아들을 보기 위해 아내와 함께 뉴욕을 가야 하는 나는 에어프레미아의 뉴욕 취항이 성공적이기를 바란다. 지금까지 아시아나항공이 했던 경쟁의 역할을 더욱 잘해서 시장의 가격 변동 폭이 크지 않길 바란다. 지금은 아시아나항공의 Zone Fare**를 이용해 JFK공항으로 간다고 하지만 합

---

* 여객기의 하부에 화물을 탑재할 수 있는 공간을 말한다.
** Zone Fare는 아시아나항공이 매년 직원에게 지급하는 할인 항공권이다. 지역별로 아시아지역, 미주지역, 유럽지역 등 Zone으로 구분하여 서로 다른 할인

병 이후 대한항공 Identity로 흡수가 완료되면 예전의 색동날개 아시아나항공은 흔적 없이 사라진다. 물론 합병이 이루어지면 그렇다는 이야기다. 미국 노선에서 두 대형 항공사의 치열한 경쟁으로 누릴 수 있었던 소비자 편익은 사라진다. 에어프레미아가 아시아나의 공백을 감당할 수 있는 수준으로 성장할 수 있도록 관심과 지원이 필요하다. 에어프레미아가 좋아서가 아니라 대한항공의 독주는 없어야 한다. 그것이 경쟁을 촉발하여 소비자 편익에도 유익하고 관련 산업의 GDP 성장에도 유리하다.

지역에서 출발하다

우리나라는 경제발전과 함께 국민의 소득이 증가하고 삶의 질이 현저히 개선되면서 항공 여행수요가 증가하고 여행 시장의 변화 속도 또한 빨라졌다. 개별 여행자의 해외여행에 대한 정보 접근이 어려웠던 과거에는 해외여행이 여행사 패키지 상품에 의존할 수밖에 없었다. 통신기술이 발달한 지금은 소비자의 정보 접근이 원활해져 온라인을 통한 개별 자유여행 시장이 대폭 성장하였다.

2005년 주 5일 근무제 등 근로조건이 개선되면서 여가 및 휴가에 대한 국민의 관심이 늘어났다. 이것이 가족·친구·친지 단위의 해외여

가격을 책정했기 때문에 이를 Zone Fare라고 한다.

행을 수시화하면서 저가를 선호하는 여행수요가 형성되었다.

국가 간 항공 관계 역시 기존의 규제적 양자 항공협정에서 항공자유화협정으로 진화하며 신생 LCC들이 자유롭게 시장에 진입할 수 있는 환경이 조성되었다. 미국과 유럽에서 시작된 LCC 사업모델이 아시아지역으로 확장하면서 한국에서도 저가 항공시장을 형성하였다. 2005년 한성항공(티웨이항공 전신)이 처음 취항하고, 그 뒤를 이어 2006년 제주항공, 2008년 진에어와 에어부산, 2009년 이스타항공, 2010년 티웨이항공, 2016년 에어서울이 저가 항공시장에 진입하였다. 2019년은 플라이강원이 국내선에 취항했으며 저비용 장거리 항공사를 표방하는 에어프레미아가 2022년 로스앤젤레스를 시작으로 장거리 노선에 진입했다.

대한항공의 자회사인 진에어를 제외하고 기타 국적 LCC는 지역 항공사(Regional carrier)의 색채가 강하다. 제주항공은 제주를 기반으로 출범했으며, 에어부산은 부산을, 티웨이항공은 청주를, 이스타항공은 군산을 그리고 플라이강원은 양양을 기반으로 한다. 이렇듯 지역을 기반으로 출발한 LCC들은 지방정부와 중앙정부의 지역관광 육성정책이나 지방공항 활성화 정책 등 정책적 지원에 대한 기대가 높다. 지역의 내국인 출국수요에 대한 의존도 역시 높다. 그러나, 국제선 네트워크가 인천공항으로 집중된 지금과 같은 상황에서는 중앙 및 지방정부의 지역관광 활성화나 지방공항 육성정책은 그 효과를 성취하기 어렵다. 지역의 내국인 출국수요가 국제선 직항로가 집중해 있는 인천공항으로 흡수되는 패턴이 계속되면 국적 LCC가 지방공항을 기반으로 성장세를 유지하기는 쉽지 않다. 국적 LCC 역시 인천공항을 중심으로 국제선 노선망을 구축하는 것이 수요 유치에 유리하므로 지방공항을 떠나 인천으로, 인천으로 가는 것이다. 인천공항이 여객 수용력을 확장하면 할수록 지방공항의 성장은 정체하거나 쇠퇴하는 구조다.

지역주민의 가처분 소득이 증가하고 통신 기술의 발달로 개별 자유여행이 증가하면서 지방도시와 지방도시 간 직항로 개설에 대한 필요성이 커지고 있다. MZ 세대 여행자는 단체관광이 성행하던 예전의 여행자처럼 시간과 경비를 들여 대형 허브공항으로 이동해서 공항 혼잡을 겪고 싶지 않다. 기내에 앉아 연결편 승객을 대기하면서 시간을 낭비하고 싶지도 않다. 지역공항에 외항사든지 국적사든지 일본, 동남아, 중국 등지로 LCC의 저렴한 직항로가 개설되어 있으면 지역주민의 항공 편익은 증가하고 해외여행에 유익하다. 이는 지역주민의 해외여행 수시화에 도움이 될 뿐만 아니라 외국인의 방한 및 재방문 수요 유치에 유리하고 지역관광 활성화에 기여한다.

지자체나 당국은 여전히 외항사보다는 국적 LCC의 취항을 선호하는 것으로 보인다. 국적 LCC에 막대한 자금을 지원하여 일정 기간 국제선 운항을 유지하는 것을 보면 달리 방법을 찾지 못하는 것 같다. 사실, 지역관광의 활성화나 관광수지 측면에서 본다면 외항사의 직항로 개설이 국적사보다 유익하다. 자국민은 자국의 항공사를 선호한다. 일본은 자국의 지방도시에 한국 항공사와 중국 항공사의 직항로 개설을 유치하고 한국인과 중국인의 일본 방문수요를 진작하여 자국의 지방공항과 지역관광을 활성화한다.

인천공항의 수용력 확장을 통해 국가의 항공운송산업 경쟁력을 높이고자 하는 정부와 항공 당국은 본래의 의도와는 다르게 지역을 기반으로 출발한 국적 LCC를 지역을 떠나 인천공항으로 집중하게 한다. 외항사 LCC가 국내 지방도시에 직항로를 개설할 수 있는 여건을 마련하여 지방공항으로 외국인 수요의 방문이 일정 수준 가시화하면 인천공항에 집중된 일부 LCC 공급력은 지방공항으로 이전할 것이다. 인천공항의 여객 수용력의 확장을 제한하거나 외항사의 지방공항 전세편 운항에 대한 규제 완화가 방법일 것이다.

일본 공항, 한국 공항

OAG(2022)*에 따르면, 2019년은 일본의 37개 공항이 국제선을 운항했다. 그중 도쿄의 하네다와 나리타공항, 오사카의 간사이공항, 나고야 공항, 후쿠오카공항, 삿포로 치토세공항, 오키나와공항 등 7개 공항이 일본 국제선 운항의 95%를 차지한다. 이 7개 공항은 도쿄의 수도권을 중심으로 북부의 삿포로에서 최남단 오키나와까지 지역의

* oag.com/blog/japan-airports-covid19-international-travel

대표성을 띠며 균형적으로 개발된 모습이다.

또 그의 분석에 따르면, 2019년 국제선 공급력의 33%를 나리타공항이 담당하고 17%를 하네다공항이 담당하여 도쿄 수도권의 국제선 공급력 점유비는 50%를 좀 넘는다. 간사이공항이 24%를 담당하고 나머지 4개 공항이 21%를 담당하니 지방공항의 역할 비중 역시 크다. 2019년 나고야공항은 중국 전역의 21개 노선에서 운항했고, 간사이공항은 중국 전역의 37개 노선에서 운항했다. 중국 전역에서 일본의 여러 지방공항으로 국제선을 운항했다.

일본의 지방공항을 운항하는 많은 국제선이 중국 및 한국과 연결되어 있어서 일본의 지방공항은 이를 기반으로 성장했다. OAG(2022)는 일본의 가장 중요한 관광수입원이 2019년 국제선 공급력의 59%를 차지한 동북아시아지역으로 바로 중국과 한국이라고 강조한다.

일본은 수도권 공항의 국제선 공급력 점유비가 낮다. 2019년 50%가 좀 넘는다. 일본 정부가 수도권 공항의 집중을 막고 국제선 여객 수요를 지방공항으로 분산한 것이 그 원인이다. 일본은 중국과 체결한 항공자유화협정에서 나리타공항과 하네다공항을 제외했다. 한국과 체결한 항공자유화협정에서는 하네다공항을 제외했다. 수도권의 집중을 막아 지방공항의 발전을 도모했다. 수도권 공항의 점유비를 통제하고 지방공항의 역할 비중을 높인 일본과는 다르게, 한국은 국제선 운항을 수도권에 집중했다.

2019년 우리 국내 공항별 국제선 여객 운송점유비를 보면 인천공항이 77.6%, 김포공항이 4.7%, 그리고 김해공항이 10.6%다. 세 개 공항이 전체 수요의 92.9%를 차지한다. 제주공항과 대구공항이 각각 2.9%, 2.8%를 차지하며 나머지 무안공항, 청주공항, 양양공항은 모두 1% 미만이다. 만년 적자 공항이다. 국제선 여객 수요가 인천공항에 77.6%, 김포공항에 4.7%로 수도권 공항에 82.3%가 집중해 있다. 일본 수도권 공항의 국제선 공급력 점유비 50%+와는 차이가 있다.

인천공항 4단계 건설사업이 2024년 완공을 목표로 2017년부터 공사가 진행 중이다. 대한항공의 허브인 제2 터미널의 확장 공사에 4조 8천억 원을 투자하여 3,750m의 제4 활주로 건설과 계류장, 주차장 등의 공항시설을 구축한다. 사업이 완료되면 인천공항은 연간 여객 수용력이 1억 6백만 명으로 늘어난다.

팬데믹 이전인 2019년은 인천공항의 연간 여객 수용력이 7,700만 명으로 9,000만 명인 두바이 공항과 7,800만 명인 홍콩 첵랍콕 공항에 이어 글로벌 3위의 지위에 있었다. 4단계 건설사업이 완료되는 2024년에는 인천공항 제1, 제2 터미널 전체의 여객 수용력이 1억 600만 명으로 늘어나 1억 1,800만 명인 두바이 공항과 1억 1,000만 명인 이스탄불공항에 이어 역시 글로벌 3위의 지위를 유지한다. 인천공항은 여객 수용력을 계속 확장하여 국제선 수요를 인천공항에 집중시키고 있다.

인천공항은 2024년 연간 여객 수용력이 2,900만 명 늘어난다. 2019년의 여객 수용력 7,700만 명 대비 38%가 증가한 수치다. 인천공항은 그간 주간 슬롯이 부족하여 항공사 취항의 장애 요인이었고 이제 여객 수용력을 확장하게 되었다. 인천공항을 운항하는 국적항공사와 외항사는 늘어나는 슬롯을 확보하여 국제선 신규 노선을 개설하고 기존 노선의 증편에 나설 것이다. 인천공항으로 국제선 여객 수요가 집중한다.

2019년 인천공항(77.6%)과 김포공항(4.7%)에 국제선 여객 수송의 82.3%를 집중시킨 것과 나리타공항(33%)과 하네다공항(17%)이 일본 전체 국제선 공급력의 50%+ 정도 담당한 것은 두 나라의 공항개발 전략의 차이다. 전자는 수도권 공항의 여객 수용력을 확대하여 국제선 운항을 수도권에 집중하는 전략이다. 후자는 수도권을 통제하여 지방공항의 국제선 운항을 확대하는 전략이다. 전략의 정당성을 평가하기 전에 그 유효성은 두 나라의 관광수지에서 엿볼 수 있다. 2019년 일본은 관광수지 흑자(33조 원)이며 우리나라는 관광수지 적자(△15.7조)다.

수도권 공항의 국제선 운항과 여객 수용력이 늘어나면 늘어날수록 지방공항의 국제선 직항로 개설은 더욱 요원해진다. 수도권 공항의 수요 집중을 일정 수준에서 통제하지 않으면 정부와 관광 당국의 지방공항 활성화와 지역관광 활성화는 의미가 없다. 지역관광 활성화를 위해 서울-지방 간 버스노선 연결을 검토한다는 보도를 보았다. 그보다 급한 일이 있다. 한·중 지방공항의 항공자유화협정의 체결이며 또 지방공항의 직항로 개설이다. 일본은 수도권의 집중을 막고 한국 및 중국과 지방공항의 항공자유화협정을 체결하였다. 이를 통해 일본은 한국 및 중국 항공사의 항공편을 이용하여 한국 및 중국인 관광객을 지방공항으로 유치하고 일본의 지역관광을 활성화하였다.

　국토부 보도자료(2019. 12. 18.)에 따르면, 인천공항이 세계 5위 공항으로 성장했으나 국제선의 78%가 인천에 집중해 있어서 지역주민의 편의와 외국 관광객 지방유치 측면은 부족하다고 지적했다. 그리고, 국제선 항공수요를 그동안 내국인의 아웃바운드(Outbound)* 수요가 견인했으나 인구 감소, 고령화, 경제성장 둔화로 아웃바운드 수요가 정체할 것으로 전망했다. 지방도시의 외국인 인바운드 수요 유치 필요성을 강조하였다. 국토부가 자체적으로 내린 진단이다.

　국토부가 2019년 12월 제시한 항공산업 경쟁력 강화방안에 따르면, 인바운드 수요 유치를 통한 지방공항 활성화 방안으로 두 가지가 눈에 띈다. 하나는 지방공항의 직항로 개설을 위해 청주·무안·양양 공항을 인바운드 시범공항으로 집중 지원하기로 했다. 다른 하나는 지방공항의 항공자유화를 추진하기로 했다. 방한 수요가 많은 중국의 지방공항과 우리 지방공항 간 상호 호혜적 항공자유화를 추진해 지방공항의 취항 기반을 확대할 계획이다. 한국은 인천공항과 김포공항을 제외하고 중국은 베이징·상하이·광저우공항을 제외하여 양국의 지방공항 간 항공 노선을 자유화한다. 이는 국토부가 2019년 12월 18일에 제시한 지방공항 활성화 방안이다.

　우리 당국 역시 한·중 간 수도권 공항의 집중을 막고 지방공항의 성장을 도모한다는 계획을 밝혔다. 인천공항의 허브화 정책과는 결을

---

* 2018년 기준 국제선 여객수요의 66.5%는 아웃바운드 수요다.

달리하지만 핵심을 짚은 것으로 평가한다. 이듬해인 2020년 코로나가 발병하여 2023년 현재까지 4년 동안 진전할 겨를이 없었으나 이제 추진해야 할 때가 왔다. 처방은 내렸고 이제 약 먹을 시간이다.

한 · 중 · 일 3국 중에 관광수지 흑자인 나라

한국 관광 데이터랩(2023)에 따르면, 2019년 일본의 관광수지 흑자는 248억 USD에 달한다. 같은 해 우리나라는 118억 USD의 관광수지 적자를 그리고 중국은 2,188억 USD의 관광수지 적자를 기록했다. 2023년 9월 환율로 환산하면 일본은 33조 원의 흑자를 냈고 우리나라는 15조 7천억 원의 적자, 그리고 중국은 291조의 관광수지 적자를 보았다. 동북아 3국 중에서 일본만 관광수지 흑자를 기록한 힘은 무엇일까? 일본의 어떤 점이 우리와 다른지 보아야겠다.

첫째, 외항사 유치를 통한 일본의 지역관광 활성화가 우리와 다르다.

1992년경부터 일본 전역에서 지자체장들이 대한항공과 아시아나를 방문하여 자기 지역으로 직항편을 띄워달라는 요청을 펼쳐 왔다. 일본 지자체 간에 서울 직항로 개설을 놓고 경쟁이 붙었다. 직항로 개설을 요청하는 일본 지자체장에게 항공기를 띄워 손해 볼 가능성을 제기하면 지원을 약속한다. 일본 지자체장들이 JAL이나 ANA 같은 자국의 항공사가 아니라 대한항공과 아시아나항공 같은 외항사 유치에 발 벗고 나섰다. 그들은 한국 및 중국 항공사의 지방공항 유치를 통해 오늘날 일본의 관광수지 흑자의 기반을 놓았다.

한경 글로벌 마켓 정영효의 도쿄나우(2022)에 따르면, 2022년 8월 3일 일본 아오모리현 네부타 마쓰리 축제*에서 아오모리현은 코로나 이후 운항을 중단한 인천-아오모리 노선 직항편의 재운항에 대한 염원을 담아 대한항공 네부타를 제작해서 축제에 참여하고 대한항공의 아오모리 운항 재개를 요청했다. 행사에서 아오모리현 지사가 한 말이 인상적이다.

"대한항공과 인천공항은 아오모리를 세계로 연결하는 창(窓)입니다."

이 말은 매우 축약적인 표현으로 거기에는 항공에 대한 상식은 물론 관광에 대한 지혜도 담겨 있다. 지자체장의 통찰이 묻어 있다.

아오모리는 혼슈 북쪽 끝에 있는 도시로 한국과 대만 관광객이 많이 찾는 홋카이도의 삿포로와 쓰가루 해협을 사이에 두고 있다. 아오모리는 우리에게 태풍이 불어도 떨어지지 않는 수험생 사과로 잘 알려져 있다. 1991년 가을 일본 아오모리현에 태풍이 몰아쳐 수확을 앞둔 사과의 90%가 땅에 떨어졌다. 당시 사과 재배 농가의 많은 농부가 망연자실한 채 떨어진 사과만 보고 탄식하고 있었다. 그때 한 농부가 매달려 있는 10%의 사과에 '절대 떨어지지 않는 사과'라고 이름을 붙여 수험생들에게 팔아 대성공을 거두었다. 아오모리에 대한항공을 유

---

* 일본 아오모리현 아오모리시에서 열리는 여름 축제이며, 사람 또는 기타 여러 가지 형상을 크고 작은 등과 수레에 싣고 행진하는 행사다(출처: 나무위키).

치한 아오모리현 지사는 물론이고 자연재해로 위기를 겪은 사과 농장 농부까지도 눈앞에 직면한 문제를 해결하는 능력이 탁월하다.

아오모리에 국제선이 없던 1995년 대한항공이 아오모리에 취항했다. 아오모리 사람들이 동남아와 미국을 가려면 도쿄나 오사카로 이동을 해서 거기서 국제선으로 갈아타야 한다. 그러나, 이제 아오모리에서 서울을 거쳐 대한항공 연결편으로 동남아와 미국을 갈 수 있다. 대한항공과 인천공항이 아오모리를 세계로 연결하는 창이라고 한 것은 이를 두고 한 말이다. 또한, 아오모리는 대한항공의 직항편을 이용하여 한국인 관광객을 아오모리로 유치하여 지역관광을 촉진한다. 자국의 항공사가 아니라 상대국의 항공사를 유치해서 상대국의 관광객을 유치하는 것이니 관광수지 흑자에 도움이 되지 않겠는가?

자국민은 자국 항공사를 선호하는 경향이 있다. 그렇다면 외항사를 유치하는 것이 외국인 관광객 유치에 유리하다. 외국인 관광객 유치는 지역의 관광 수입으로 연결되므로 외항사 유치가 지역관광 활성화에 도움을 준다. 1990년대에 일본의 지자체장들이 그렇게 했다. 우리 지자체는 국적 LCC에 적지 않은 재정지원을 통해 지방공항에 일정 기간 국제선 운항을 유지하는 것에 힘을 들이지만 이것은 지역관광과 관련이 없다. 차라리 그 돈을 외항사의 직항편 유치에 사용하는 것이 지역관광 진작에 유익하다.

둘째, 수도권 허브공항의 수요 통제를 통한 지방공항 활성화가 우리와 다르다.

일본은 중국과의 항공자유화협정에서 도쿄의 하네다와 나리타공항을 제외하여 중국 항공사의 수도권 집중을 막았다. Shaoxuan and Tae Hoon Oum(2018)에 따르면, 중·일 항공자유화협정이 2012년 8월 체결되었다. 혼잡공항인 일본의 나리타공항과 하네다공항, 그리고 중국의 상하이와 베이징공항은 제외했다. 이들 주요 도시의 운수권을 규제함으로써 수요의 허브공항 집중을 막았다. 허브공항의 수요 집중을 통제하면 이들 수요는 지방공항으로 이전된다. 이는 수치를 보면 짐작이 간다. 중국이 일본과 항공자유화협정을 체결한 이후 중국 항공사들은 중·일 노선에서 약 70%의 시장점유율을 차지했다. 특히, 도쿄의 하네다공항과 나리타공항을 제외하면 중국 항공사의 점유비는 87.3%로 늘어난다. 수도권 허브공항의 진입 통제로 수요가 지방공항으로 이전된 것을 의미한다. 결과적으로, 도쿄를 제외한 중·일 노선에서 중국 항공사의 점유비 87.3%는 일본 항공사의 점유비 12.7%보다 훨씬 높다. 중·일 노선은 중국인의 일본 여행객이 월등히 많고 이에 따라 일본의 관광수지 흑자에 유리한 구조다.

　　중국은 춘절(설날), 국경절과 같은 국가 명절에 해외여행을 나서는데 동남아, 일본, 한국이 주요 목적지다. 이때는 전국적으로 단체 항공권 확보 전쟁이 벌어지며 좌석확보의 여부에 따라 여행 목적지가 변경되기도 한다. 즉, 한국의 좌석이 막히면 일본으로 간다. 중국 항공사는 2012년 일본과 항공자유화협정 체결 이후 도쿄를 제외한 지방공항 접근이 자유로워졌다. 성수기 일본 좌석공급이 도쿄는 제한적이지만 지방도시는 원활해져 중국인의 일본 지방도시 관광이 증가할 수 있는 여건이 마련되었다.

그러나 한국은 중국과 항공자유화협정이 체결되어 있지 않다. 정확히 말하면, 산동성·하이난다오만 자유화하고 기타 지역은 규제적이다. 성수기 수요가 밀린다고 해서 공급력을 마음대로 확대할 수 없다. 더군다나 한국은 대부분 국제 노선이 인천공항으로 집중되어 있다. 인천공항이 우리나라 전체 국제선 운송의 77.6%를 차지하며 여기에 김포공항의 4.7%를 더하면 82.3%가 수도권에 집중되어 있다. 따라서, 성수기 인천공항으로 향하는 항공기의 좌석이 막히면 그 대안은 한국의 지방공항이 아니라 일본의 지방도시다. 국가 간 항공자유화협정의 체결 여부가 항공 및 관광수요의 흐름을 결정하고, 그것이 국가의 관광수입으로 연결된다.

2015년 춘절 연휴 10일 동안 45만 명의 중국인이 일본을 방문해서 60억 위안(현재 한화 기준 1조 1,100억)을 소비했다. 당시 중국의 단체 관광객은 보온병, 전기밥솥, 변기 덮개, 명품백 등 모든 상품을 품절시켰다.

종합하면, 일본 정부가 하네다와 나리타공항의 수용력을 통제하여 수도권의 수요 집중을 막은 것은 일본의 지방공항 및 지역관광의 활성화로 이어졌다. 이와 반대로 한국 정부는 인천공항을 집중적으로 육성하여 수도권에 수요를 집중시키고 있다. 일본은 수도권 공항의 국제선 여객 수송 점유비를 낮게 유지해 전국적으로 지방공항의 발전을 도모한다. 그리고 그 결과는 관광수지 흑자로 나타났다. 한국은 수도권 공항 특히 인천공항의 여객 수용력 확장에 사활을 걸고 모든 수요를 인천공항으로 집중한다. 그리고 그 결과는 관광수지 만년 적자로 나타났다.

셋째, 전세편 규제 완화가 우리와 다르다.

Chuntao Wu(2016)*에 따르면, 일본은 지역관광 개발의 이익을 위해서라면 언제라도 일본 항공사의 이익과 바꿀 준비가 되어 있다. 2008년 일본의 국토 인프라 교통 관광성(MLIT)**은 외항사들이 일본 항공사와 협의 없이 일본에 전세편을 운항할 수 있는 정책을 도입했다. 외항사의 전세편 운항에 대해 일본 항공사가 반대할 수 없는 상황이 조성되었다. 이 정책은 더 많은 외항사가 일본 지방도시에 전세기를 운항하도록 유인하면서 지방도시에 대한 외국인 관광수요의 유입이 늘어났다. 전세편 시장에서 일본 항공사의 비율이 2003년 34%에서 2014년 8%로 축소한 만큼 외항사의 전세편 비율이 증가했다. 관광수지 흑자가 늘어나는 것은 당연하다. 일본은 이렇듯 전세편 운항에 대한 규제를 완화하여 외국인 방문객을 촉진하고 지방공항을 활성화하여 정기편 유치의 발판을 마련하였다. 전세편의 규제 완화는 인바운드 관광의 확대로 이어지고 그것이 궁극적으로는 정기편 서비스 도입의 사전 정지작업이라는 것을 증명했다.

---

* Chuntao Wu(2016). How aviation deregulation promotes international tourism in Northeast Asia: A case of the charter market in Japan

** Ministry of Land, Infrastructure, Transportation and Tourism

일본과 다르게 한국, 대만, 중국은 전세기 운항을 규제한다. 전세기 경쟁의 위협으로부터 자국의 FSC를 보호하기 위해서다. 우리나라의 경우는 인천공항의 허브화 정책에 영향을 미치는 전세기 운항은 허가하지 않는 것을 원칙으로 한다. 자국의 대형 항공사를 보호하기 위해 규제적 항공정책을 유지하고 있는 한국, 대만, 중국의 공통점은 무엇인가? 하나같이 관광수지 적자국이다. 대만 역시 2019년 61억 불(한화 약 8.1조 원)의 관광수지 적자를 기록했다.

넷째, 관광을 항공보다 우선하는 정책이 우리와 다르다.

한·일 항공자유화협정이 2007년 8월 체결되었고, 도쿄 하네다공항을 제외한 모든 노선의 3·4 자유 구간에 자유로운 운항이 가능하게 되었다. 2018년 기준, 국적 LCC가 한·일 노선 전체 운송실적의 56.2%를 차지하고, 대한항공과 아시아나항공이 35.1%를 차지하여 우리의 FSC와 LCC의 운송실적 점유비가 91.3%에 달한다. 일본 항공사의 운송실적 점유비는 8.7%에 지나지 않는다. 이는 한·일 노선에서 한국인의 일본 관광객이 월등히 많다는 것을 의미한다. 일본이 한국으로부터 관광수지 흑자를 낼 수 있는 구조다.

일본은 자국의 지방도시를 운항하는 외항사 즉, 한국의 항공사 또는 중국의 항공사가 시장의 80%에서 90%를 장악한다고 해서 이를 일본 자국 항공사의 이익이 침해되었거나 일본 항공운송산업의 경쟁력이 약화했다고 평가하지 않는다. 그들에게 중요한 것은 외국인 관광객 유치를 통한 지역관광 활성화이지 운항 항공사의 국적이 아니다.

일본이 관광수지 흑자를 누리는 힘이다.

만약 청주 공항 또는 무안 공항에 중국 항공사가 정기편 개설 또는 전세편 운항을 통하여 80~90%의 시장점유율을 차지하고 중국인 관광객을 실어 나른다고 가정하자. 이들 공항에 대한 중국 항공사의 운항 횟수가 늘어나고 이들 지역의 중국인 관광수요 의존도가 높아지면 어떤 반응을 보일 것인가? 십중팔구는 중국 항공사가 우리 항공사의 이익을 침해한다고 비판할 것이다. 인천공항을 허브로 하는 국적 FSC는 자사의 수요에 위협을 가한다고 공격할 것이다. 인천공항공사는 인천공항의 허브화 정책에 반하는 행위라고 비난할 것이다. 우리는 언제쯤 관광수지 만년 적자를 벗어날 수 있는가? 대답 대신 질문을 던지는 게 좋겠다. 관광의 이익인가? 항공사의 이익인가?

위에서 한·중·일 3국 중 일본만이 관광수지 흑자를 누리는 몇 가지 배경을 살펴보았다. 종합하면 1) 외항사 유치를 통한 지역관광 활성화, 2) 수도권 허브공항 통제를 통한 지방공항 활성화, 3) 전세편 규제 완화를 통한 지역관광 활성화, 4) 항공의 이익보다 관광의 이익을 우선하는 정책으로 정리할 수 있다. 일본은 한국과 중국 노선에서 한국 항공사와 중국 항공사의 높은 공급력을 활용하여 한국인 및 중국인의 일본 관광을 진작하여 관광수지 흑자를 향유한다. 일본의 사례를 통해 우리의 유관 당국과 지자체 역시 지방공항에 외항사를 유치하고 높은 공급력을 허용하면 그것이 지역관광 활성화에 유익할 것이라는 기대가 가능하다.

독립 LCC와 자회사 LCC의 엇갈린 운명

우리나라 LCC는 독립적으로 출범한 LCC와 대형 항공사의 자회사로 출범한 LCC로 구분한다. 전자는 제주항공, 티웨이항공, 이스타항공, 플라이강원, 에어프레미아 등을 말하며, 후자는 대한항공 자회사인 진에어와 그리고 아시아나항공 자회사인 에어부산과 에어서울을 포함한다.

이들은 출생 배경이 서로 다르다. 독립 LCC는 자유로운 시장진입을 가능하게 한 글로벌 항공정책 즉, 항공자유화의 전략적 기회를 이용해 시장에 진입했다. 이들은 핵심 경쟁력인 저가를 무기로 항공 및 관광수요의 저변을 확대하여 중·단거리 시장의 주력 LCC로 성장하는 것이 목표다. 그러나 자회사 LCC는 출생 배경과 전략이 다르다. 이들은 하나같이 독립 LCC의 저가 경쟁에 맞서기 위해 출범하였고 또 모회사인 대형 항공사의 보완적인 성격으로 출발했다. 그 성장은 모회사의 전략에 의해 통제를 받는다. 2005년 승무원 유니폼 발표회에서 LCC에 대한 기자의 질문에 고 조양호 회장은 이렇게 대답했다:

"저가 항공사가 진입하여 저가 경쟁이 심화하면 대한항공이 저가 항공사가 될 수 없으니 별도의 저가 항공사를 설립할 수 있으며 우리는 그럴 준비가 되어 있다."

진에어는 출범 이전에 이미 그 역할이 규정되어 있었다. LCC의 저가 경쟁에 대응하여 모회사인 대한항공의 전략을 보완하는 것으로 종속적인 성격을 띤다. 진에어는 이러한 태생적 한계로 인하여 독립 LCC와의 경쟁을 통한 확장성과 성장성에 한계가 존재한다. 이는 아시아나항공의 자회사 LCC 역시 마찬가지다.

아시아나항공은 2005년 당시 LCC 설립 의사가 없으며 한국 시장은 고객의 정서상 LCC가 필요하지 않다는 입장이었다. 2005년이면 아시아나항공이 조종사 노조 파업에 매몰되어 있었다. 그러나 대한항공이 진에어를 설립한 이후 아시아나는 부산시와 부산 상공인들이 설립한 부산국제항공(에어부산)에 2008년 2월 230억 원을 투자하여 지분 46%를 확보하고 경영에 참여했다. 에어부산은 김해공항(PUS)을 거점으로 국내선과 국제선을 운영하는 것으로 역할을 한정했다. 아시아나는 그간 운항하던 서울-부산 국내선을 에어부산에 맡기고 철수하였다. 김포공항과 인천공항을 기점으로 한 국내·국제 운항에서는 에어부산을 배제하여 모회사인 아시아나항공과 충돌을 피했다. 이렇듯 에어부산 역시 모회사인 아시아나의 운항 전략에 종속되는 태생적 한계로 말미암아 성장성과 확장성에 제약이 있다. 아시아나의 일본 적자 노선을 담당할 목적으로 출범한 에어서울 역시 그 출생 초기부터 성장 한계가 결정되어 있었다.

독립 LCC와는 달리 자회사 LCC의 성장성과 확장성은 모회사인 대형 항공사의 상위 전략에 구속되어 자사의 성장 계획 또는 의지와 관계없이 그 성장 방향이 정해진다. 자회사 LCC가 독립 LCC보다 더 크게 성장할 수 없는 구조다. 에어부산은 모회사인 아시아나항공의 노선 전략에 종속되며 그 강도는 진에어보다 크다. 이는 자회사 LCC에 대한 모회사의 소유 지분에 관한 것으로, 진에어는 대한항공이 지분 100%를 소유하고 있지만 아시아나는 에어부산의 지분 46%를 소유하고 있다. 아시아나는 에어부산이라는 브랜드를 부산 거점의 지역 항공사로 육성할 계획이고, 행여 에어부산의 네트워크를 인천으로 확장하여 모회사인 아시아나와 부딪히는 일은 하지 않는다.

문제는 에어부산의 항공기 도입과 김해공항의 수용력 포화상태다. 에어부산은 2014년 5대의 항공기를 도입하고, 2015년에 2대, 그리고 2016년에 5대를 연달아 도입했다. 3년 동안 12대 항공기를 도입했는데 2015년 김해공항의 수용력은 이미 포화상태에 도달하여 신규 노선의 개설이나 기존 노선의 증편이 어렵다. 김해공항을 제2 허브로 활용하려는 국적 LCC가 부산을 기점으로 국제선 취항을 늘렸기 때문이다. 제주항공이 기존 부산-방콕, 부산-괌 노선 이외에도 스자좡, 오사카, 후쿠오카, 타이베이로 취항을 늘렸으며, 인천과 제주에서만 운항하고 부산에서 국제선을 운항하지 않던 진에어가 부산을 기점으로 오사카와 세부로 취항했다.

그렇다면 에어부산으로서는 항공기의 공급력을 인천공항으로 이전하여 일본 및 동남아 노선을 운항하며 사세를 수도권으로 확장하는 방안이 있다. 에어부산의 부산 기업 주주들이 에어부산의 인천 진입을 끊임없이 요구했다. 하지만 아시아나로서는 현 지배구조하에서 이를 허용할 수 없다. 에어부산이 일단 인천공항으로 발을 들여놓으면 이후 사세 확장 과정에서 인천을 중심으로 한 네트워크 비중이 커질 수밖에 없다. 이때 모회사인 아시아나항공과 인천공항에서 충돌할 개연성이 존재한다. 아시아나항공은 46%의 지분을 소유한 에어부산을 인천공항으로 진입하도록 그냥 둘 수는 없다. 당시 두 가지 일이 동시에 추진된다. 하나는 에어부산의 부산 신사옥 건설이고 다른 하나는 에어서울의 설립이다.

먼저, 에어부산의 신사옥 건설이다. 에어부산은 김해공항 인근에 300억 원의 공사비를 투입하여 2015년 8월 착공하여 2016년 12월 준공을 목표로 지하 2층 지상 9층 규모의 신사옥 건설에 착수했으며 금호건설과 동일종합건설이 시공을 맡았다. 세 곳에 떨어져 있는 임대 사무실을 한곳으로 모아 업무 효율성을 높이고, 지역 항공사의 경쟁 기반을 강화하며, 궁극적으로는 동남권 대표 항공사의 입지를 확고히 구축하는 것이 신사옥 건설의 목적이다. 에어부산이 김해공항에 집중할 수 있는 여건이 조성되었다.

에어부산은 2016년 6월 대구-후쿠오카 노선의 정기편 운항을 시작으로 대구 공항을 기점으로 한 국제선 네트워크 확장에 나섰다. 그러다가 2019년 No Japan 캠페인이 시작되었고 그해 9월 일본 노선의 감편 또는 운항 중지로 인한 여력의 공급력을 대구와 인천으로 전환 투입하는 계기를 마련했다. 2019년은 아시아나항공의 대주주인 금호산업이 산업은행 등 채권단과 아시아나항공 매각을 협의하던 시기였다. 그해 12월 HDC현대산업개발이 아시아나 인수 절차를 진행하고 있어서 아시아나항공으로서는 매각이 진행되는 시점에 에어부산의 인천 진입을 통제할 여유가 없었다. 에어부산의 부산 지역 기업 주주들은 이 기회를 이용해 인천공항 진입의 오랜 꿈을 이루었다.

다음은, 에어서울의 출범이다. 항공사의 설립 목적이 비교적 슬프다. 2015년에 아시아나는 에어서울의 설립에 대해, "일본 노선에서 LCC 경쟁이 치열해져 수익성이 악화하였다. 적자 전환한 일본 지방 노선을 아시아나 대신 운항할 서울 거점의 LCC 설립이 필요하다."라고 그 설립의 변을 밝혔다. 요약하면, 에어서울은 아시아나항공의 일본 적자 노선 운항 전문 항공사라는 이야기다. 그 탄생의 배경과 목적이 슬프다. 거기에는 그럴 만한 이유가 있다. 아시아나항공은 에어부산의 신사옥 건설을 통해 에어부산의 시선을 부산에 묶어 놓았다. 그리고 에어부산의 부산 기업 주주들은 기회만 되면 언제든지 에어부산의 인천 진입을 요구할 준비가 되어 있다. 아시아나항공은 차라리 100% 지분을 소유한 자회사 에어서울을 인천 기반으로 출범시켜 에어부산을 부산에 묶어 두는 것이 낫다고 판단할 수 있다. 에어부산의 부산 기업 주주들의 거센 반발이 있었다. 에어부산 주주들의 비난을 차단할 목적으로 에어서울의 활동 범위를 일본 적자 노선으로 국한한다는 기사를 여기저기 게재했다.

에어부산이 신사옥 건설을 착공한 2015년에 에어서울을 설립했다. 에어서울은 2016년 10월 5일 1호기인 A321-200 항공기를 도입하고 이틀 뒤인 7일 인천-다카마쓰 노선을 시작으로 시즈오카, 나가사

키, 히로시마 등 10월 한 달에만 일본 6개 도시에 취항했다. 아시아나 항공은 2016년부터 일본의 주요 도시 즉, 도쿄의 나리타와 하네다공항, 오사카 간사이공항, 센다이, 후쿠오카, 삿포로, 오키나와 등 몇 개 도시만 운항하고 기타 지방 노선은 모두 에어서울이 대신 운항하도록 했다.

대형 항공사 자회사 LCC들의 성장성 한계는 그들의 항공기 보유 대수에서도 드러난다. 독립 LCC인 제주항공은 39대(2022년 6월), 티웨이항공은 30대(2022년 3월)인 반면 대형 항공사의 자회사 LCC인 진에어는 27대(2022년 4월), 에어부산은 25대(2022년 8월)로 모두 독립 LCC보다 항공기 보유 대수가 적다. 이는 외국 항공사의 경우 더욱 확연한 차이를 보인다. 독립 LCC의 예를 들면, 영국의 이지제트(easyJet)가 326대, 아일랜드의 라이언에어(Ryanair)가 545대, 그리고 헝가리의 위즈에어(Wizz Air)가 178대의 대규모 항공기를 보유한 반면, 대형 항공사의 자회사 LCC의 경우는 Air France-KLM의 트랜스아비아(Transavia)가 36대, Delta의 송(Song)이 45대, US Airways의 메트로제트(MetroJet)가 49대를 보유하여 독립 LCC와 자회사 LCC 사이에 성장성의 분명한 차이를 확인할 수 있다.

독립 LCC는 자사의 독립적인 노선 성장 계획을 추진하지만, 대형 항공사의 자회사 LCC는 모회사의 노선 성장 계획에 종속되고 제약을 받는다. 대형 항공사의 자회사 LCC가 독립 LCC보다 성장할 수 없는 이유다.

항공사 경영을 위협하는 외부요인

항공운송산업은 항공사의 경영을 위협하는 여러 외부요인이 있다. 항공사가 자체적으로 통제할 수 없는 것들이다. 2001년 9·11 테러, 2003년 초 중국발 사스와 같은 테러 및 질병의 위협은 여행심리를 위축시켜 항공 및 관광수요에 직접적인 영향을 미친다. 가장 최근에 경험한 코로나19 팬데믹은 지금까지 없었던 최악의 위협요인이다. IATA(2020)에 따르면, 2020년 4월 글로벌 항공 여객 수가 전년 대비 94% 감소했다. IATA 사무총장은 2023년까지 항공 여행이 팬데믹 이전 수준으로 회복하지 못할 것이라고 일찌감치 경고했다. 그의 말대로 되었다. 그해 6월 세계 189개국이 격리에서 국경봉쇄까지 다양한 여행 제한 조치를 시행했다. 발이 묶인 국적항공사들은 정부의 재정지원이 없으면 존립조차 어려운 상황을 맞게 되었다.

항공운송산업은 유가와 환율의 영향을 받는다. 유가는 영업 수익성에 영향을 미치는 요인이고 환율은 항공 수요에 직접 영향을 미치는 요인이다. IATA는 120개국의 302개 회원사가 있다. 대한항공과 아시아나항공은 물론 제주항공, 진에어, 티웨이항공, 이스타항공이 회원사로 가입했다. IATA는 2020년 109개 회원사가 제출한 비용 항목 테이블을 'WATS(World Air Transport Statistics) 2020'에 게재했다. 동 테이블에 따르면, 유류비가 항공사 전체 운영 비용 중 2018년은 25.2%, 2019년은 24.7%를 차지하여 항공사의 최대 비용 항목이다.

대한항공 역시 2019년 3조 1,732억 원의 유류비를 사용하여 전체 비용의 26.0%를 차지하였다.

경제성장률 감소나 경기침체, 그리고 환율상승이 항공 및 관광수요 감소로 이어지는 것과는 달리 유가 상승은 원유의 공급과 수요의 불균형에서 비롯된 것으로 항공 및 관광수요에 직접 미치는 영향은 크지 않다. 원유 수급은 경기 전망을 반영하는데 예를 들면 중국의 경기부양 등 시장에서 경기회복 시그널이 나타나면 유가는 상승한다. 즉, 유가 상승은 경제성장 및 경기호전을 반영하여 오히려 그것이 항공 및 관광수요의 증가로 이어지기도 한다.

항공사는 유류비 상승을 상쇄할 무기가 있다. 유류할증료가 바로 그것이다. 대한항공이 2022년 유류비로 역대 최고인 4조 1,362억 원을 지출하고도 역시 역대 최고인 2조 8,306억 원의 영업이익을 거둘 수 있었던 것은 화물 수요의 호조와 여객 수요의 회복에 기인한다. 러시아가 우크라이나를 침공하면서 원유 수급에 대한 우려로 국제유가가 상승하였다. 항공사는 이러한 유가 상승에 의한 영업 수익성의 악화 우려는 항공 여객 및 화물 수요의 증가, 운임의 상승, 그리고 유류할증료의 부과로 상쇄할 수 있다. 유가 상승은 항공사가 관리해야 할 최대의 비용 항목으로 영업 수익성에는 영향을 주지만 그것이 항공 수요에 직접적으로 미치는 영향은 크지 않다. 국제선 항공 수요는 GDP 성장률이 높을수록 그리고 원·달러 환율이 하락(원화 가치 상승)할수록 증가하는 경향이 있다.

엔데믹으로 각 국가가 국경을 다시 개방하면서 그간 팬데믹으로 억눌린 수요(Pent-up demand)가 폭발하였다. Airportal(2023) 통계에 따르면, 2023년 1~9월 간 국제선 항공운송 여객 수는 48,474,202명으로 2022년의 같은 기간 대비 392.4%가 증가하였다. 팬데믹 이전인 2019년 같은 기간 여객 수의 70.8%까지 회복하였다. 국제선 전체 평균 탑승률 역시 2023년은 2019년 대비 0.5%p가 상승하여 81.9%를 기록하였다. 이 탑승률 수치는 여행 인기 선호지인 일본 등 일부 노선에서, 그리고 수요가 집중한 일정 기간에는 자리 구하기가 어려울 정도로 수요가 폭증했다는 것을 의미한다.

러시아의 우크라이나 침공으로 인한 국제 정세와 경기 불안으로 환율이 1,300원이 넘는 상황에서도 일본을 중심으로 한 국제선 항공 수요가 전년 대비 폭증하였다. 이는 그동안 억눌린 수요의 반발적 현상으로 지속적이지 않고 일시적이다. 환율이 1,300원대를 지속하게 되면 항공수요는 그 증가세가 감소할 것이며 환율이 다시 1,100원대로 하락하는 경우 해외 출국과 해외소비는 다시 증가세를 보일 것이다. 항공 수요의 성장을 뒷받침하는 것은 경제성장과 원화 가치의 상승이다.

항공사의 수익성에 영향을 주는 유가와는 달리 환율은 수익성은 물론 수요에도 직접 영향을 준다. 환율이 상승하면 원화 가치가 하락하여 내국인의 해외여행에 직접 영향을 미친다. 물론, 한화 약세를 이용하여 외국인의 인바운드 관광을 촉진할 수 있겠지만 2019년 국제선 항공 여행객 구성을 보면 내국인 출국자 수는 28,714,247명으로 외국인 입국자 수 17,502,756명보다 높다. 환율의 영향이 내국인의 해외여행에 더 크게 미친다고 볼 수 있다. 한국신용평가가 환율변동이 산업별 손익에 미치는 영향을 분석한 결과, 항공운송업은 환율상승에 가장 부정적 영향을 받는 산업으로 분류됐다.* 항공사는 외화부채와 달러화 결제가 많다. 항공 유류비, 항공기 리스료 등을 달러나 유로 등 외화로 결제하므로 환율이 오르면 외화환산손실이 발생한다.

그렇다면 항공사 경영을 위협하는 요인 중에 과연 어떤 위협요인이 전년 대비 항공 수요에 가장 큰 영향을 미쳤을까? 전년 대비 항공 수송실적이 감소한 연도별 사례를 찾아서 그 배경에 어떤 요인이 있는지 보자.

[표] 1988~2022년(34년) 동안 전년 대비 항공수요 감소 사례

사례	연도	국내선 전년비	국제선 전년비	비고
IMF	1998년	-23.9%	-15.0%	· 1997. 12. 3. IMF 구제금융 신청
SARS	2003년	0.6%	-5.5%	· 2002. 11.~2003. 6. 중국 중화권 · 국내 감염자 3명
미국발	2008년	0.8%	-4.1%	· 미국 4위 투자은행
금융위기	2009년	6.3%	-5.2%	리먼브라더스 파산

* 헤럴드경제(2022. 7. 18.)

COVID-19	2020년	-23.7%	-84.2%	
	2021년	0.5%	-96.4%	· 2019년 실적 대비
	2022년	10.1%	-78.4%	

　아시아나가 제2 민항으로 출발한 1988년부터 2022년까지 34년 동안 전년 대비 국제선 항공수요가 감소한 해는 총 7년이다. 국제선 항공수요의 감소 내역을 보면, 1997년 말 IMF 구제금융으로 1998년 항공수요는 전년 대비 15% 감소했다. 2008년 미국발 금융위기로 2008년과 2009년의 항공수요는 각각 4.1%와 5.2% 감소했다. 2002년 발병한 SARS 때문에 2003년 수요가 5.5% 감소했다. COVID19로 말미암아 2019년 국제선 수송실적 대비 각각 2020년은 84.2%, 2021년은 96.4%, 2022년은 78.4%가 감소했다. 코로나 팬데믹은 다른 위협요인과는 비교할 수 없을 정도의 강력한 영향을 미쳤다.

　지난 34년 동안 전년 대비 국제선 항공 수송실적이 감소한 것은 총 일곱 번이다. 감소 사유는 금융위기와 전염병이다. 경제와 질병의 요인은 항공수요에 즉각적인 영향을 미친다. 그럼, 동북아지역 국가 간 정치적 갈등은 어떠한 영향을 미쳤을까?

한 · 중 사드 갈등이 기업과 문화, 항공과 관광에 미친 영향

2016년 7월 고고도 미사일방어체계 사드(THAAD)의 배치 결정 이후, 중국은 우리 기업에 대한 불매운동을 시작으로 2017년 문화와 관광 부문에 '한한령'을 발동하여 보복 조치에 나섰다. 한·중 갈등이 각 부문에 어떠한 영향을 미쳤을까?

먼저, 기업 부문이다.

2016년 주한미군의 사드 기지를 롯데그룹 소유지에 배치하면서 롯데그룹은 직격탄을 맞았다. 중국 내에서는 소학교 학생들까지 동원하여 반한 정서를 자극했고 중국인 소비자들은 중국 전역에서 롯데 제품 불매운동에 나섰다. 롯데의 중국 사업은 마비 상태에 빠졌다.

롯데그룹은 소매업, 식품업, 관광업, 석유화학업, 건설업, 금융업 등을 경영하는 다국적 회사다. 롯데그룹은 1994년 중국 시장에 진출한 이후 롯데마트, 롯데백화점 등 주요 계열사들이 중국에 합자회사를 설립했다. 중국 사업을 더욱 강화하기 위해 '2012년 아시아 10대 기업'을 경영목표로 중국을 핵심 전략시장으로 관리하였다. 사드 갈등이 발생한 2016년 기준 롯데그룹의 중국 누적 투자금액은 10조 원에 달한다. 중국 전역에 롯데백화점, 롯데제과, 롯데마트 등 22개의 자회사를 보유하고 120여 개의 매장에 26,000명의 직원이 근무했으며 2016년 중국 매출액은 3조 2천억 원에 달했다.[*]

---

[*] 凤凰网军事频道(2017. 3. 7.)

Travel Weekly China(2022)에 따르면, 롯데푸드가 2006년 상하이에 설립한 롯데(중국) 투자유한회사는 전체 12개의 지사가 있었지만 모두 등록 말소하였다. 2021년 말 결국 중국본부의 해체를 결정했다. 다만, 이것으로 롯데 브랜드가 중국 시장에서 완전히 철수한 것은 아니며 롯데케미칼 등 중국 프로젝트는 계속 추진할 계획이라고 한다.

롯데그룹이 중국 시장에 진입한 1994년은 한·중 항공운송협정 체결과 함께 한·중 간 정기편 항공 노선을 개설한 시점이다. 양국 간 우호적 관계 속에 기회를 포착하고 이 기회를 토대로 2012년 아시아 10대 기업으로 성장한다는 포부를 가지고 1994년 중국 시장에 진출하였다. 롯데그룹은 진출 27년 만에 중국본부를 해체하고 철수하였다. 한·중 간 정치적 갈등의 대표적 희생양이 되었다.

다음은 문화 부문이다.

2017년 '한한령(限韓令)'이 시작되고 중국 영화사는 "모든 주요 저작권의 온라인 사이트는 일체의 한류 프로그램의 업데이트를 잠정 중단한다"고 공표하였다. 이것으로 한국 문화의 중국 수출은 그 대동맥이 끊겼다. 한류 자본은 막혔지만 문화는 층층이 스며들었다. 최근 한국 드라마의 중국 방송이 다시 시작되었다. 중국판 유튜브 Bilibili는 한국 드라마 〈슬기로운 감빵생활〉, 〈인현황후의 남자〉, 〈또 오해영〉의 서비스를 시작했으며, 영상이 공개된 이후 시청 순위 1, 2, 3위에 올랐다.[*]

---

[*] 한국경제(2022. 3. 19.)

문화산업은 우리의 주요 산업으로 영화, 드라마, 뮤직, 댄스 모두 아시아 전역에서 한류라는 이름으로 시작하여 전 세계로 확산하였다. 중국인은 어려서부터 한국 드라마를 보며 성장하여 한국의 대중문화에 매우 익숙하다. 〈사랑이 뭐길래〉, 〈가을동화〉, 〈천국의 계단〉, 〈대장금〉부터 〈응답하라 1988〉, 〈도깨비〉, 〈태양의 후예〉까지 20년 동안의 청춘의 기억이 가득하다.* 1998년 창춘지점장으로 근무하던 시절에 만난 중국인들이 건네는 첫마디는 〈사랑이 뭐길래〉에 대한 내용이었다. 중국인의 마음속에는 가부장제에 대한 동경이 짙게 깔려 있었다.

한국 드라마가 성공한 데에는 이유가 있다. 한국 드라마는 스토리 중심이다. 줄거리를 정하고 거기에 적합한 배우를 선택한다. 유명 배우를 캐스팅하여 그에 맞는 줄거리의 영화를 만드는 할리우드 방식과 차이가 있다. 드라마를 만드는 방식도 다르다. 일본은 드라마를 방영하기 전에 시리즈를 전부 완성한다. 우리는 드라마를 방영하면서 시청자들의 피드백을 스토리에 반영한다. 이것이 드라마의 대중성을 높이고 품질을 높이는 순기능 역할을 했다. 사드로 시작한 한·중 간 정치적 갈등은 롯데마트뿐만 아니라 한류까지 중국 시장을 떠나게 했다.

끝으로, 항공·관광 부문이다.

중국 당국이 자국 여행사에 중국인의 한국 단체관광 상품에 대한 판매 금지령을 발동하면서 한·중 간 항공 및 관광수요가 대폭 감소하였다. 한한령의 발동으로 2017년 한·중 노선의 항공수요는 전년 대비

---

* mp.weixin.qq.com/s/1vWejbR7HOZ0YWgMK-NcTw

29.8%가 감소하였으며, 중국인 입국자 수는 48.3%가 감소하였다.

항공수요는 사드 갈등으로 2017년 한·중 노선에서만 592만 명이 감소하였으나 동남아, 일본 등지로 목적지를 다변화하면서 2017년 전체 국제선 항공수요는 396만 명 증가하는 성과를 거두었다. 한·중 노선의 수요 감소를 효과적으로 극복하였다. 사드 갈등으로 인해 한·중 노선의 항공수요가 대폭 감소하였지만 대한항공과 아시아나, 그리고 제주항공 등 국적 LCC는 목적지를 일본과 동남아 등지로 다변화했다. 2016년, 2017년 모두 연속 흑자를 기록하였다.

그러나, 관광 부문은 사정이 다르다. 2017년 중국인 관광객이 전년 대비 390만 명이 감소(-48.3%)하였으니 1년 동안 매일 10,680명이 명동에서, 홍대에서, 그리고 북촌에서 사라진 것이다. 자국민은 자국 항공사를 선호한다는 점을 고려할 때 항공 측면에서는 중국 항공사의 실적 감소가 더 컸겠으나 중국인 입국이 하루 1만 명 이상 감소하였으니 숙박, 버스, 면세점, 소매 등 국내 관광시장에 많은 영향을 미쳤다.

No Japan 캠페인의 희생양

2018년 10월 한국 대법원은 일본 전범 기업의 강제징용에 대해 배상 판결하고, 이에 일본은 백색국가 리스트에서 한국을 제외하는 수출규제의 보복 조치를 단행했다. 한·일 간 정치적 갈등이 국민의 반일

감정을 부추겼고 일본 여행 금지(No Japan) 캠페인이 2019년 7월 본격 시작되었다.

2년 전 사드 갈등으로 중국 내 소학교, 중학교에서 어린 학생들이 담임 선생의 지도로 '롯데 타도!'의 구호를 외치던 그 섬뜩한 모습. 롯데마트 앞과 대로변 상가 앞에서 롯데 제품을 잔뜩 모아놓고 트랙터로 뭉개며 분출하던 그 분노의 모습. 그 모습을 No Japan 캠페인에서 보았다. 국가 간 갈등을 외교 채널을 통해 해결 방안을 찾아야지 국민 감정을 이용하여 압력을 행사하고 정면 대립하는 것은 가능하면 피해야 한다. 중국 사드 갈등으로 현지 경제에 기여했던 롯데그룹이 희생되었고, 또 롯데그룹 120여 개 매장에서 일하는 26,000명의 중국인 직원 역시 희생되었다.

그럼, No Japan 캠페인에서는 누가 희생되었을까? 많은 사람이 일본 여행을 예약하고 여행 날짜만을 기다리는데 '일본 안 가기 운동'이 여간 신경 쓰이는 일이 아니다. 왠지 국민의 도리를 다하지 못한 것 같아 호텔과 항공편의 예약 취소 수수료를 물고서라도 서둘러 여행 목적지를 동남아와 중국 등지로 변경한다. 별다른 생각 없이 현지 일본 여행 중 찍은 사진을 SNS에 올렸다가 '매국노'로 몰매를 맞기도 한다. 눈치가 없다고 친구로부터 핀잔도 들었다. 일본 여행을 취소한 일부 관광객, 그리고 유니클로 등 일본 업체에서 일했던 직원들도 피해자일 수 있겠지만 No Japan 캠페인의 최대 희생자는 국적 LCC다. 왜, 그럴까? 결론부터 이야기하면 그들은 2019년 전원 적자 전환하였다.

캠페인을 시작한 2019년 7월 이후 내국인의 일본 여행 수요가 본격 감소하기 시작했다. 내국인의 일본 여행자 수가 7월부터 연말까지 6개월 동안 180만 명이 감소(-51.1%)했다. 일본 노선의 여행수요가 감소하자 국적항공사들은 한·일 간 지방 관광 노선의 운항을 축소하거나 철수하고 그에 따른 여력의 항공기를 제주에 투입하거나, 또는 중국 및 동남아 노선으로 전환 투입했다. 그러나, 중국은 산둥성·하이난다오를 제외하고는 기타 중국 도시에 대한 국적항공사의 진입이 제약적이다. 양국 간 항공자유화협정이 체결되어 있지 않았기 때문에 신규 노선의 개설이나 기존 노선의 증편을 하지 못한다. 여력의 항공기를 투입할 여건이 우호적이질 못하다. 사드 갈등으로 중국 수요가 감소할 때는 여력의 항공기를 일본·동남아로 전환하면서 위기를 극복했지만, 한·일 갈등의 경우는 여력의 항공기를 중국으로 전환하기 어려운 상황이었다. 2019년 제주항공, 진에어, 티웨이항공, 에어부산 등 국적 LCC는 모두 적자 전환했다. 특히, 제주항공은 2011년 이후 8년 동안 이어온 흑자 행진을 2019년에 마감했다.

국적 LCC가 서로 비슷한 2개의 정치적 사건을 겪었는데 그 결과는 서로 달랐다. 사드 갈등으로 한·중 간 항공 수요가 592만 명이 감소할 때는 전원 흑자를 기록했다. 반면에 No Japan 캠페인으로 한·일 간 항공 수요가 249만 명이 감소할 때는 전원 적자를 기록했다. 592만 명이 감소할 때는 흑자, 249만 명이 감소할 때는 적자? 이유가 무엇일까? 이는 국적 LCC의 국제선 지역별 시장점유율과 동북아 3국 간 불균형적인 항공자유화 관계를 연결하여 그 답을 찾을 수 있다.

　인천국제공항공사·한국공항공사(2019)의 2018년 국제선 지역별 여객운송실적에 따르면, 국적 LCC의 시장점유율이 한·일 노선은 56.2%, 한·동남아 노선은 31.2%인 데 반해 한·중 노선은 7.7%로 중국 노선에 대한 LCC의 시장입지가 일본과 동남아 노선에 비교할 수 없을 정도로 낮은 수준이다. 이는 항공자유화협정의 체결 여부와 관계가 있다. 항공자유화 관계를 유지하고 있는 일본은 국적 LCC의 시장진입이 자유로워 시장점유율이 56.2%로 높다. 그러나 중국 노선은 국적 LCC의 시장진입이 규제적이어서 시장점유율이 7.7%로 낮다. 사드로 인한 중국 노선의 수요 감소, 그리고 No Japan 캠페인에 의한 일본 노선의 수요 감소에 국적 LCC의 시장점유율을 적용하면 답을 찾을 수 있다.

　즉, 사드로 인한 중국 노선의 항공수요 감소 592만 명 중에 국적 LCC의 몫은 약 456,000명이다(592만 명 × LCC의 중국 시장점유율 7.7%). 그리고 No Japan 캠페인으로 인한 일본 노선의 항공수요 감소 249만 명 중에 국적 LCC의 몫은 약 140만 명이다(249만 명 × LCC의 일본 시장점유율 56.2%). 국적 LCC가 No Japan 캠페인으로 겪은 수요 감소의 충격 140만 명은 사드로 인한 중국 노선 수요 감소의 충격 456,000명의 3배에 해당한다. 국적 LCC가 전원 적자 전환한 이유다.

한 · 중 · 일 3국 및 ASEAN 국가 간 하늘 경쟁

제주항공이 국제선에 진입한 2009년 국제선 운송실적을 지역별로 보면 일본이 29.6%, 중국이 21.0%, 동남아가 27.2%다. 중·단거리 지역 비중이 77.8%다. 그로부터 10년이 흐른 2019년 국제선 운송실적을 지역별로 보면 일본이 20.9%, 중국이 20.4%, 동남아가 40.3%다. 중·단거리 지역 비중이 81.6%다. 국제선 여행수요가 중·단거리인 아시아 역내 국가를 여행한다는 의미다.

10년 동안의 실적 변화에서 눈에 띄는 것은 동남아다. 2009년 동남아지역 국제선 여객 점유비 27.2%가 2019년에 40.3%로 늘었다. 국적 LCC가 항공자유화지역인 동남아에 진입한 2009년 이후 한국-동남아 노선의 여객 수요가 매년 14.8%씩 높은 성장세를 보였다. 항공자유화의 기회를 활용한 국적 LCC의 시장진입이 동남아 시장에 저가의 수요층을 형성하여 높은 수요성장세를 실현하였다.

일본은 2019년 No Japan 캠페인으로 하반기부터 일본 여행수요 감소가 본격화하였다. 이 때문에 일본은 항공자유화 지역임에도 불구하고 일본의 비중이 8.7%p(2009년 29.6%→2019년 20.9%) 감소하는 예외적 상황이 발생했다.

중국은 항공자유화협정이 체결되어 있지 않아 국적 LCC의 진입이 자유롭지 못한 이유로 기존 대한항공과 아시아나항공의 시장지배력의 영향을 받아 통제적 성장 기조를 유지했다. 중국의 비중은

0.1%p(2009년 21.0%→2019년 20.9%) 소폭 감소하였다.

No Japan 캠페인에 의한 예외적 상황으로 일본은 제외하고, 2009년부터 2019년까지 10년 동안 국제선 운송실적 지역별 비중이 동남아는 13.1%p(27.2%→40.3%)가 증가했다. 그리고 중국은 0.1%p(21.0%→20.9%)가 감소하였다. 무엇 때문일까?

중·단거리 시장인 일본과 중국, 그리고 동남아 주요 국가 간 항공자유화협정 체결 현황에서 원인을 찾을 수 있다. 일본과 동남아국가연합(ASEAN, Association of South East Asian Nations)의 10개 국가는 2007년부터 2014년에 걸쳐 항공자유화협정을 체결하였다. 중국과 ASEAN은 2010년 10월 협정을 체결하였다. 그리고, 한국과 ASEAN은 10개 국가 중에 9개 국가와는 협정을 체결하였고 지금은 인도네시아만 미체결 상태다. 한·인도네시아 항공자유화협정을 체결하여 일본과 ASEAN, 중국과 ASEAN, 그리고 한국과 ASEAN 간 균형적인 항공자유화 관계를 유지하면 좋겠다.

한·인도네시아 항공자유화협정의 체결은 중요하다. 경제성장으로 중산층이 증가하는 태국, 베트남, 말레이시아, 필리핀, 인도네시아 등 ASEAN 국가의 해외 관광수요에 주목한다. 특히, 인도네시아는 2억 7,753만 명의 인구(KOSIS. 2023)로 세계 4위의 인구 대국이다. 구매력평가(PPP) GDP 기준 세계 7위의 경제 규모이며 ASEAN 국가 중에

---

* 라오스, 말레이시아, 미얀마, 베트남, 브루나이, 싱가포르, 인도네시아, 캄보디아, 태국, 필리핀

유일한 G20 국가다. 인도양과 태평양의 두 해양을 잇고, 아시아와 아프리카의 두 대륙을 연결하는 요충지로 아세안의 대표 국가의 위치에 있다. 2023년 6월 발리에서 열린 한·인도네시아 항공회담은 결렬되었다. 발리 취항을 기다려온 국적 LCC의 꿈은 무산되었다. 한·인도네시아 노선에서 서로 경쟁하던 두 대형항공사가 합병으로 하나가 된다. Big 2 합병의 독과점이 가져올 소비자 편익의 훼손과 인적·물적 교류의 성장 왜곡은 막아야 한다. 해답은 한·인도네시아 항공자유화협정의 체결에 있다.

한국과 일본은 2007년 8월 항공자유화협정을 체결하였고, 중국과 일본은 2012년 8월 체결하였다. 한국과 중국은 중국 내 2개 지역 즉, 산동성과 하이난다오에 대해서만 항공자유화를 실시하고 나머지 지역에 대해서는 여전히 규제적인 기존의 양자항공운송협정 체제를 유지하고 있다. 한·중 항공자유화협정을 완결하여 한국과 일본, 일본과 중국, 중국과 한국이 균형적인 항공자유화 관계를 구축하면 좋겠다.

인천국제공항공사·한국공항공사(2019)의 2018년 국제선 지역별 여객 운송실적에 따르면, 국적 LCC의 시장점유율이 한·일 노선은 56.2%, 한·동남아 노선은 31.2%인 데 반해 한·중 노선은 7.7%로 중국 노선에 대한 국적 LCC의 시장입지가 일본과 동남아 노선에 비교할 수 없을 정도로 낮다. 또한, 2018년 국적 LCC의 국제선 지역별 매출 비중(운송 기준)은 일본이 47.9%, 동남아가 41.3%를 차지한 것에 비해 중국은 4.9%에 불과하여 국적 LCC의 중국 노선에 대한 매출 의존도 역시 매우 낮은 형편이다.

이렇듯 국적 LCC의 시장점유율과 매출 비중이 높은 일본 및 동남아는 우리나라와 상대 국가·지역 간 항공자유화협정이 체결되어 있다. 이와 반대로 국적 LCC의 시장점유율과 매출 비중이 낮은 중국은 한·중 양국 간 항공자유화협정이 체결되어 있지 않다.

항공자유화는 정부의 간섭과 규제를 최소화하고, 경쟁 기반의 국제항공 체제를 증진하며, 나아가 항공사의 국제 항공운송 기회를 확대하는 것이 기본 정신이다. 항공자유화는 전체 시장의 수요 규모를 확대하는 효과가 있다. 이러한 항공자유화를 한·중 노선에 도입하는 것이 우리 항공 당국의 중요한 과업이다. 한·중·일 및 ASEAN 국가와의 균형적인 항공자유화 관계를 구축하여 국가의 항공운송 경쟁력을 한 단계 높이는 것이 항공 및 관광시장 발전에 유익하다. 현안인 한·중 간, 그리고 한·인도네시아 간 항공자유화협정을 체결하여 한·중·일 3국 및 ASEAN 국가 간 균형적인 항공자유화 관계를 구축할 수 있기를 기대한다.

가격은 낮아지고 수요는 증가한다

우리 항공은 2가지의 항공 정책에 힘입어 성장해 왔다. 1988년 아시아나항공의 출범으로 시작한 복수 항공사 경쟁체제가 그 하나다.

LCC의 자유로운 시장진입 환경을 조성한 항공자유화정책이 또 다른 하나다.

복수 항공사 경쟁체제는 국적항공사의 서비스 품질을 세계적 수준 으로 향상하고 소비자 편익 증진에 크게 기여했다. 우리 정부는 1969 년 3월 1일 대한항공 민영화 이후 19년 동안 지속한 항공 독점 시대를 종식하고 복수 항공사 경쟁체제를 시작했다. 예전에는 상상하지 못했 던 다양한 경쟁을 활발히 전개하는 계기를 마련하였다. 국적항공사는 수준 높은 서비스를 경쟁적으로 도입하여 항공 소비자의 편익을 증진 했다. 향상된 서비스 품질은 세계 수준을 선도하였다. 2009년에는 국 내 최초로 아시아나항공이 ATW(Air Transport World)가 선정하는 '올 해의 항공사(ATW 2009 Airline of The Year)' 상을 수상하였다. 항공 업계의 노벨상이라 불리는 권위 있는 상이다. 대한항공은 그로부터 12년이 지난 2021년 코로나로 많은 항공기가 발이 묶여 있는 위기의 상황에서 '올해의 항공사(ATW 2021 Airline of The Year)' 상을 수상 하였다.

항공자유화정책은 외국 및 국적 LCC의 국제선 시장진입을 촉진 하여 항공 및 관광수요의 저변 확대에 기여했다. 미국과 유럽에서 시 작된 LCC 사업모델이 아시아지역으로 확장하면서 국내에서도 국적 LCC의 출현을 자극했다. 국내 대표적 LCC인 제주항공이 국제선에 진 입한 2009년 3,351만 명이던 국제선 여객 수가 2019년 9,038만 명으 로 증가하여 매년 10.4%씩 성장했다. 10년 동안 항공 수요의 높은 수요성장세를 항공자유화에 의한 LCC 시장진입의 유효성으로 판단할 수 있겠지만 항공자유화가 항공 및 관광수요에 정확히 어떻게 작용했는지는 짐작이 가질 않는다. 따라서 항공자유화의 전략적 기회를 이용하여 시장에 진입한 국적 LCC들이 시장수요에 어떠한 역할을 했는지 일본과 중국을 대상으로 살펴보았다.

비교적 간단한 방법을 사용했다. 국적 LCC가 시장에 진입한 시점을 기준으로 그 이전과 그 이후의 수요성장률을 비교했다. 그 이전은 국적 FSC 즉, 대한항공과 아시아나만 운항하던 시기이고, 그 이후는 국적 LCC가 시장에 진입해 FSC와 경쟁하는 시기다. 국적 LCC가 시장에 진입한 이후에 수요성장률에 어떠한 변화가 있는지 보면 국적 LCC의 기여도를 평가할 수 있다. 여기에는 조건이 하나 있다. 만약, LCC가 시장에 진입하지 않았다면 그 이전의 수요성장세가 그 이후에도 동일하게 유지된다는 것을 전제로 한다. 이를 뒷받침하는 경험적 근거는 이렇다:

시장에 공급과 수요를 자극하는 경쟁요인의 유입이 없는 상황에서는 국적 FSC가 해당 노선의 수지가 악화하는 것을 감수하면서까지 공급을 늘리고 가격을 낮추어 수요 성장을 추구할 가능성은 없다. 오히려 적정 이윤을 유지할 목적으로 시장의 공급을 관리함으로써 수요의 통제적 성장을 추구할 가능성이 크다. 따라서, 이전의 수요성장률이 그 이후에도 그대로 이어진다는 전제가 가능하다.

먼저, 한·일 노선이다.

일본 도쿄는 아시아나항공의 한 맺힌 노선이다. 아시아나항공은 1990년 1월 도쿄에 처음 취항한 이후 2002년 4월까지 12년 동안 주 5회만 운항했다. 대한항공이 주 28회를 운항하는 순간에도 아시아나는 주 5회를 운항했다. 대한항공이 도쿄 노선에 주 28회 즉, 매일 4편의 항공기를 운항하는 동안 아시아나항공은 최소 경쟁 운항 횟수인 하루 한 편도 안 되는 주 5회를 운항했으니 그 설움이 오죽했으랴! 운수권 주 28회 대 주 5회! 기울어진 경기장에 얼마나 한이 맺혔으면 대한항공 운수권 주 2회를 뺏어서 주 7회를 만들어 달라고 했겠는가? 마침내 건교부는 2001년 한·일 항공회담을 통해 확보한 서울-도쿄 노선 운수권 주 21회를 몽땅 아시아나에 배분했다. 이것으로 아시아나는 10여 년 동안 쌓인 한을 풀 수 있었지만 선발 항공사로서 누려 왔던 대한항공의 우월적 지위는 한순간에 사라졌다.

그럼, LCC의 시장진입으로 일본 노선의 수요성장세에 어떠한 변화가 있는지 보자. 국적 LCC가 한·일 노선에 진입한 2009년을 기점으로 그 이후인 2018년까지 9년 동안 여객 수요가 매년 8.9%씩 성장했다. 대한항공과 아시아나항공 양대 FSC만 운항하던 2000년부터 2009년까지 9년 동안은 매년 3.2%씩 성장했다. 국적 LCC가 시장에 진입하기 이전에는 9년 동안 매년 3.2%씩 성장했고 국적 LCC가 시장에 진입한 이후 9년 동안은 매년 8.9%씩 성장했다. 결과적으로 국적 LCC가 일본 노선에 진입하여 매년 5.7%p(8.9%-3.2%)씩 추가적인 성장세를 보였다. 나는 국적 LCC의 시장진입에 의한 이러한 수요성장세의 변화를 항공자유화의 효과로 평가한다. 국적 LCC가 일본 시장에 자유롭게 진입하여 이렇듯 과거보다 높은 수요성장세를 실현할 수 있었던 것은 한·일 간 항공자유화협정이 체결되었기 때문이다. 항공자유화는 시장의 수요 규모를 확대하는 효과가 있다.

다음은 한·중 노선이다.

한국과 중국은 지난 2006년 6월 산동성의 웨이하이에서 열린 한·중 항공회담에서 산동성과 하이난다오를 항공자유화했다. 극히 지역적으로 제한된 항공자유화이지만 국적 LCC는 산동성 주요 도시인 칭다오, 옌타이, 웨이하이, 지난에 자유로운 시장진입이 가능해졌다. 산동성의 항공자유화는 양국 항공사들의 가격 및 서비스 경쟁을 자극하여 단거리 항공시장에서 항공자유화의 효과와 영향을 확인할 수 있는 최초의 사례가 되었다.

산동성 항공자유화는 1994년 12월 국적 FSC가 베이징, 상하이, 칭다오 등 중국 도시에 최초의 정기편 운항을 시작한 지 12년 만에 이루어졌다. 산동성을 중심으로 한 항공사들의 무한경쟁 양상은 기존 중국 노선에서 기득권을 누리던 국적 FSC가 중국 노선의 항공자유화에 대한 거부감을 갖는 계기가 되었다.

중국민용항공총국(CAAC, Civil Aviation Administration of China)은 중국 항공사의 초기 반대에도 불구하고 2006년 산동성-한국 노선에 항공자유화협정을 체결하였다. 협정 체결 전에 대한항공이 주 4회를 운항하던 인천-칭다오 노선의 운항 횟수가 협정 체결 후 6개월 만에 주 134회로 증가하였다. 항공자유화협정 체결 후에 3개의 신규 노선 즉, 인천-지난, 인천-웨이하이, 인천-옌타이 노선이 개설되어 전체 산동성-인천 노선의 주간 운항 횟수는 260회로 증가하였다. 그리고, 미화 420~530불이던 동 노선들의 항공료가 평균 210불로 떨어졌다. 산동성의 항공자유화가 가격은 낮아지고 수요(운항 횟수, 공급)는 증가하는 효과를 가져왔다. 처음에는 한국 항공사들이 시장을 지배하였으나 중국 항공사들이 자사의 원가 경쟁력을 이용하여 한국 항공사들과 성공적으로 경쟁하면서 2008년 시장의 58%를 점유하였다.[*]

산동성을 항공자유화한 2006년은 국적 LCC가 산동성에 진입하기 6년 전이었고 중국 노선에서는 운항 노선 및 도시의 수, 그리고 항공기 운항 횟수 및 운송 여객 수의 측면에서 아시아나항공이 대한항공보다 우위에 있었다. 아시아나항공이 대한항공보다 우위를 점한 곳은 중국이 유일했다.

1992년 한·중 수교, 1994년 한·중 항공협정 체결을 거쳐 한·중 노선의 역동적 개발에 집중하던 1990년대 중반 이후 아시아나항공은 특별히 중국에 대한 애정이 남달랐다. 박삼구 회장은 중국에서 손님이 회사를 찾아오면 맨발로 뛰어나가 그들을 반갑게 맞이했다. 정부나 기업을 방문할 때 비즈니스 정장을 차려입고 격식을 차리는 우리와 달리 중국은 복장이 매우 자유롭고 편하다. 상대방은 다소 불편하게 느

---

[*] Joung et al(2014). On the effect of Open Sky Agreement on Korea-China air transport market.

낄 수 있겠지만 그런 것쯤은 대수롭지 않게 여겼다. 지금은 경제발전과 생활 수준의 향상으로 모든 부문에서 글로벌 표준에 대한 인식이 확산하여 예전과 다르지만 그때는 그랬다. 회사의 최고경영자를 공식 방문해도 넥타이 맨 사람은 하나 없고 허름한 와이셔츠에 단추를 위에서 두, 세 개를 풀고 촌부의 모습으로 나타난다. 방문객의 복장에 당황했는지 실눈을 뜨고 혀를 차며 싫은 내색을 하는 임원들과는 달리 박삼구 회장은 환한 모습으로 일일이 이들의 손을 잡고 정성으로 맞이한다. 환담이 끝나면 정성으로 차린 음식을 대접하고 작별의 시간엔 하나하나 악수하며 작은 선물이라도 챙겨서 손님을 전송한다. 임원들은 여전히 실눈을 뜨고 "쟤들 복장이 왜 저래!" 하는 표정을 짓는다. 1998년 중국 창춘의 민항국 고위 인사들과 함께 본사를 방문했을 때 받았던 느낌을 그대로 묘사하였다.

갖추어 입지 않은 복장이 못마땅한 임원들은 바이지우를 들고 온 중국 손님에게 미국산 버번위스키를 이야기한다. 중국 휴양지 하이난 다오를 이야기하면 하와이를 말한다. 대화의 맥을 끊고 스토리를 순식간에 자기 위주로 가져오니 분위기가 어색해진다. 이들과 달리 박삼구 회장은 중국에 집중하고 중국을 이해하려 한다. 그래서 중국을 잘 알고 있다. 이것이 중국 노선에서 아시아나가 유일하게 대한항공을 앞설 수 있는 원동력으로 작용했다.

2006년 6월 산동성의 항공자유화는 가격 및 서비스 경쟁을 촉발했다. "한국 기업이 없으면 칭다오도 없다." 칭다오 시정부는 칭다오의

한인타운과 한국 기업들의 활발한 활동을 위하여 중국 당국과 항공사에 증편 및 가격 인하를 권고하고 나섰다. 이에 동방항공은 칭다오-인천 노선에 주 30회를 운항하고, 산동항공과 중국국제항공은 9월 1일부 주 28회의 코드셰어(Codeshare) 운항편(산동항공 주 11회+국제항공 주 17회)을 투입하였다.

동방항공은 산동성에서 주도권을 노리고 노선 선점전략에 총력을 기울였다. 동방항공의 도발적인 공급증대와 시장 약탈적인 가격 구사는 경쟁 항공사뿐만 아니라 인천-산동성을 오가는 여객선사까지 위협했다. 인천-칭다오를 운항하는 위동항운의 카페리선 뉴 골든 브릿지 5호(New Golden Bridge V)의 승선료가 223,000원인 데 반해 동방항공의 항공료는 20만 원으로 더 싸다. 운항 시간도 동방항공은 1시간 10분인데 위동항운은 15시간으로 차이가 크다. 무료 수하물 허용량은 동방항공이 40kg이고 위동항운은 50kg이다. "우리는 지상의 운송 수단과 경쟁한다"는 사우스웨스트항공의 저가정책이 동방항공에 의해 "우리는 해상의 여객선과 경쟁한다"로 둔갑하였다.

동방항공은 '낮은 가격으로 자주 운항한다'는 LCC 비즈니스 모델을 채택했다. 저가로 많은 운항 횟수를 투입하여 단거리 상용노선의 시장지배 전략을 일관되게 유지했다. 게다가 무료 수하물의 허용량을 늘리고 한국인 여승무원의 투입을 확대하면서 가격 경쟁뿐만 아니라 서비스 경쟁을 촉발하였다. 2006년 9월 인천공항을 운항하는 동방항공 항공기 다섯 편의 한국인 여승무원 수를 랜덤 체크했다. 상하이 운항편 2편 중 하나는 캐빈 승무원 11명 중 7명이, 그리고 다른 하나는 17명 중 10명이 한국인 여승무원이었다. 그 구성 비중이 50%를 상회한다. 칭다오와 옌타이 운항편의 한국인 여승무원 비중 역시 모두 50%를 넘었다. 당시 동방항공 서울지점장 황수성은 미인대회 출신의 한국인 여승무원을 다수 채용하고 한국인 승객 대상의 서비스 품질을 향상하여 한국인 수요 유치에 적극적으로 나섰다.

국적 LCC가 산동성에 정기편 운항을 시작한 2012년을 기준으로 그 이전과 이후의 수요성장률 변화를 비교하였다. 에어부산이 2012년 3월 부산-칭다오 노선에 취항하고, 제주항공이 같은 해 6월 인천-칭다오 노선에, 그리고 진에어가 7월 인천-옌타이 노선에 취항했다.

국적 LCC가 산동성에 신규 진입한 2012년을 기점으로 그 이후인 2018년까지 6년 동안 여객 수요가 매년 6.9%씩 성장했다. 대한항공과 아시아나항공 양대 FSC만 운항하던 2006년부터 2012년까지 6년 동안은 매년 6.7%씩 성장했다. 국적 LCC의 진입 이전에는 6년 동안 매년 6.7%씩 성장했고 진입 이후에는 6년 동안 매년 6.9%씩 성장했다. 국적 LCC가 산동성에 진입한 것이 중국 전체의 수요성장률에는 영향을 미치지 못했다. 산동성을 제외한 나머지 전체 중국 노선은 여전히 FSC가 주도하는 통제적 성장 기조가 유지되었다.

그럼, 항공자유화지역인 산동성의 수요성장세에는 어떠한 변화가 있을까? 2012년부터 2018년까지 6년 동안 산동성 4개 도시의 연평균 성장률을 보면 칭다오가 11.7%, 웨이하이가 16.1%, 옌타이가 20.6%,

지난이 30.8%가 증가하여 산동성 전체적으로는 매년 14.7%씩 증가하였다. 이 수치는 같은 기간 중국 전체노선의 연평균 수요성장률 6.9%보다 2배가 높다. 항공자유화지역인 산동성의 수요성장세가 항공 비자유화지역인 나머지 중국 전체노선의 수요성장세보다 훨씬 크다.

지금까지, 국적 LCC가 항공자유화의 기회를 활용하여 시장에 진입한 이후 해당 국가의 전체 항공 수요성장세에 어떠한 변화가 있는지 살펴보았다. 단거리 시장인 일본과 중국을 예로 들었지만 중거리 시장인 ASEAN 국가의 태국과 베트남 역시 동일한 결과가 나타났다. 박사 연구논문 「항공자유화와 항공 및 관광수요 연구: LCC의 중국 시장진입을 중심으로」에 따르면, 항공자유화에 의한 LCC의 시장진입이 해당 시장의 항공 및 관광수요 성장에 유의미한 영향을 미쳤으며, 시장 전체의 수요 규모를 확대하는 효과를 가져온 것으로 나타났다. 저비용 항공사가 시장에 진입하면 가격은 낮아지고 수요는 증가하는 효과가 있다.

항공자유화에 의한 LCC 시장진입으로 시장 규모가 확대하는 효과는 EU에서도 마찬가지다. EU 회원국 중 정부의 지원을 받은 스페인, 영국, 아일랜드 및 독일의 LCC는 전체 여객 운송의 33%를 점유하여 유럽 대표 항공사로 성장하였다. LCC의 시장진입을 통한 시장 규모의 확대는 항공자유화협정의 체결 등 국가의 정책적 지원을 배경으로 한다.

국적 저비용 항공사의 운항 환경

국적 LCC들은 저원가 구조를 구축하여 저가의 항공운임을 제공하는 미국의 사우스웨스트항공이나 유럽의 라이언에어(Ryan Air)를 모델로 하고 있으나 몇 가지 측면에서 서로의 운항 환경은 다르다.

첫째, 국적 LCC의 운항 목적지는 제한적이다.

거대한 국내시장과 역내시장을 가지고 있는 미국 및 유럽의 LCC와는 달리 국적 LCC들은 국내선은 제주에 집중되어 있고 국제선 역시 일본 및 동남아의 항공자유화지역과 중국의 일부 자유화된 목적지를 운항하는 것, 그리고 국적 FSC가 운항하지 않는 목적지에 일정 기간 전세편(Charter flights)을 운항하는 것이 전부여서 운항 목적지 선택과 노선 네트워크 확장에 제약이 따른다.

둘째, 역내 불완전한 항공자유화 환경으로 국적 LCC의 수요 성장이 제한적이다.

국적 LCC의 활동무대는 일본·중국·동남아다. 한·일 간 그리고 한·동남아 주요 국가 간에는 항공자유화협정이 체결되어 있어서 일본 및 동남아 노선에 대한 국적 LCC의 2019년 시장점유율은 각각 55.3%와 34.2%로 시장입지가 비교적 강하다. 하지만, 한·중 간 항공자유화협정은 매우 제한적으로 체결되어 산동성·하이난다오를 제외하고 기타 중국 도시에 대한 국적 LCC의 진입은 규제적이다. 이러한 이유로 2019년 국적 LCC의 중국 노선 시장점유율은 9.1%에 지나지 않는다.

향후 국적 LCC의 새로운 도약은 한·중 간 항공자유화에서 나온다. 전면적인 한·중 항공자유화협정을 체결하여 노선의 독과점 우려를 해소하고 지방도시-지방도시 간 수요 성장을 도모해야 한다.

셋째, 국제선 운항이 인천공항으로 집중해 있고 2차 공항 (Secondary airport) 선택의 기회가 없다.

예를 들어, 뉴욕에는 존·에프·케네디공항(JFK), 뉴왁공항(EWR), 라과디아공항(LGA) 등 국제선을 운항하는 공항이 있다. 대한항공과 아시아나는 국제선 운항편이 집중되어 연결성이 탁월한 존·에프·케네디공항(JFK)을 운항한다. 글로벌 허브공항인 JFK를 중심으로 지선과 연결하여 수요 이동을 원활하게 한다. 대형 항공사는 이러한 뛰어난 연결성 때문에 높은 공항 비용과 혼잡으로 인한 항공기 지연을 감수하고 글로벌 허브공항을 운항한다. 하지만, 장거리 저비용 항공사를 표방하는 신생 항공사 에어프레미아는 JFK공항을 운항하지 않고 인근 뉴왁공항(EWR)을 운항한다.

사우스웨스트나 라이언에어는 대형 항공사가 운항하는 혼잡한 공항을 피해 공항 비용이 저렴하고 항공기 지연 우려가 없는 2차 공항을 선택한다. 이로써 그들은 허브공항에서 대형 항공사와 직접 경쟁을 피하고, 공항 비용을 절감하며, 항공기 가동률을 높인다. '낮은 운임으로 자주 운항'하는 LCC의 전형적 비즈니스 모델을 지속 가능하게 실행할 수 있는 환경을 선택한다. 그러나 국적 LCC는 2차 공항에 대한 선택의 기회가 없다. 우리는 모든 국제선 운항이 인천공항에 집중해 있다. 2019년 기준 국제선 운송의 82.3%가 인천공항(77.6%)과 김포공항(4.7%)에 집중해 있어서 인근 관광대국인 일본과 공항 발전 상황이 다르다.

OAG(2022)*에 따르면, 일본은 2019년 국제선 공급력의 33% 이상을 나리타공항이 담당하고 17%를 하네다공항이 담당하여 도쿄 수도권의 국제선 공급력 점유비는 50%를 좀 넘는다. 오사카 간사이공항의 2019년 국제선 공급력 점유비는 24%다. 도쿄 나리타·하네다의 수도권 공항과 그리고 북부의 삿포로에서 최남단 오키나와까지의 지방공항을 전국적으로 균형감 있게 개발하였다. 이와 달리 우리는 거의 모든 국제선 운항이 인천공항에 집중해 있어서 국적 LCC는 대형 항공사와 동일하게 인천공항을 사용할 수밖에 없다. 따라서 국적 LCC는 대형 항공사와 직접 경쟁을 피할 수 없다. 착륙료, 주기료 등 공항 비용을 대형 항공사와 차별화할 수 없다. 공항 혼잡으로 항공기 가동률을 극대화할 수 없다. 국적 LCC는 LCC의 비즈니스 모델을 수행하기에 적합하지 않은 환경에서 운항한다. 또한, 김포공항은 하네다, 베이징, 홍차오 등 항공회담을 통해 운수권을 확보해야 하는 목적지를 운항하고 있어서 국적 LCC의 김포공항 국제선 진입 역시 규제적이다.

넷째, 지방공항에서 국제선 직항로의 개설 기회를 마련하기 어렵고 그 지속 가능성을 확보하기 어렵다.

---

* Deirdre Fulton(2022). Japan's Airports and Covid-19's Continued Impact on International Travel. OAG

대형 항공사는 허브공항을 중심으로 여러 도시를 자전거 바퀴살처럼 연결하는 Hub & Spoke System을 운영한다. 여러 지선 구간의 수요를 허브공항 A로 모아 또 다른 허브공항 B로 운송하는 형태를 취한다. 대형 항공사는 노선 운영 시스템상 지방공항에서 직접 국제선 직항로를 운항하기 어려운 구조다. 대한항공은 국내 지방도시의 수요를 인천으로 모아 운송하는 시스템이지 국내 지방공항에서 국제선 직항로를 개설하여 지점과 지점을 연결하는 시스템이 아니다. 따라서 인천공항의 확장 공사를 통해 수용력을 확대하면 할수록 대형 항공사의 허브·앤·스포크 시스템이 강화되는 구조다.

이와 달리, 국적 LCC는 도시와 도시, 지점과 지점을 연결하는 Point-to-Point System에 특화되어 있다. 낮은 운임으로 자주 운항하는 시스템이다. 예를 들어, 청주공항에서 타이베이 타오위안공항을 운항하는 이스타항공편이 지속 가능하기 위해서는 양 지역의 수요, 특히 타이베이 출발 수요가 뒷받침되어야 한다. 타이베이 지역의 현지 출발 수요를 인천공항으로 흡수하는 환경이라면 청주-타이베이 직항편의 지속 가능성을 유지하기는 쉽지 않다.

용인에 사는 김 사장은 대만 출장을 위해 이제 인천공항으로 가지 않아도 된다. 이스타항공이 12월 20일부터 청주공항에서 타이베이 타오위안공항으로 매일 운항했기 때문이다. 인천공항이나 청주공항이나 공항까지 차로 이동하는 거리는 서로 비슷하지만 이제 인천공항 주차장에 하루 24,000원을 주고 주차하지 않아도 된다. 인천공항 B1

단기 주차장에 차를 세우고 나흘만 다녀와도 주차비가 거의 십만 원이다. 청주공항의 주차료가 하루 10,000원이니 항공 이용자에 큰 혜택이지 않은가? 항공료는 어떤가?

김 사장은 2024년 새해를 맞아 1월 3일 타이베이에 갔다가 6일 돌아오는 왕복 항공료를 검색했다. 각 사의 홈페이지에서 노출되는 가격 중에 가장 싼 가격을 검색했다. 청주공항에서 출발하는 이스타항공의 항공료는 313,800원이다. 인천에서 출발하는 대한항공과 아시아나항공의 항공료는 각각 597,200원과 593,100원이다. 두 항공사의 가격이 마치 커플 티를 입은 것처럼 다정스러워 보인다. 김 사장은 이제 비싼 항공료, 비싼 주차료를 내며 인천공항으로 가지 않아도 된다. 김 사장이 항공 소비자로서 누릴 수 있는 혜택이다. 이스타항공의 청주-타이베이 노선이 지속 가능하면 좋겠다.

인천공항의 수용력 확장 정책이 국가의 관광산업과 지역발전에 부정적 영향을 미칠 수 있다. 인천공항의 수용력을 일정 수준에서 억제하면 인천공항의 국제선 여객 운송 비중이 낮아지는 효과가 있다. 이는 일본이 수도권 공항의 국제선 집중을 억제하여 지방공항의 성장을 도모한 사례에서 확인할 수 있다. 영국 역시 런던 히드로공항의 여객 수용력 확장을 억제하여 주변 공항 및 지방공항의 여객수요가 증가한 사례가 있다.

Joan Manuel Tello Contreras(2017)는 그의 연구논문 「항공자유화 정책과 그것이 멕시코 관광산업에 미치는 영향 분석」에서 미국 및 캐

나다와의 항공자유화협정이 멕시코의 연결성을 높여 관광객 입국이 늘어난다고 할지라도 잠재력이 큰 2선 시장과의 연결성 제고에 집중하는 것이 유익하며, 특히 지점과 지점을 연결하여 관광목적지를 활성화할 수 있는 저비용 사업모델을 활용하는 것이 좋다고 하였다. 항공자유화의 시행으로 관광객의 입국이 증가하였다 하더라도 더 큰 관광시장의 잠재력은 2선 시장에 있으며, 이러한 지방도시의 관광목적지를 지점과 지점 간 연결하여 관광을 촉진하는 것은 저비용 사업모델인 LCC가 경쟁력이 있다는 것을 강조하였다. 이 논문을 근거로 해석하면, 우리나라 관광도시의 더 큰 잠재력은 지방도시의 관광목적지를 해외 지방공항과 연결함으로써 외국인 관광수요를 촉진하는 데에 있다. 일본이 그렇게 했다.

퀵 턴(Quick turn)을 모방하다

1978년 말 미국이 항공 규제를 완화한 이후 대부분의 항공사는 허브·앤·스포크 시스템을 구축했다. 이는 항공사가 승객을 소형 도시에서 허브 도시로 운송한 후 다시 항공기를 바꿔 태우고 승객들을 그들의 최종 목적지로 운송하는 시스템이다. 예를 들면, 텍사스의 주도 오스틴에서 시애틀로 가는 승객은 먼저 오스틴에서 북쪽으로 310km 떨어진 텍사스 지역 허브공항인 달라스·포트·워스 공항(DFW)으로 간다. 거기에서 시애틀행 항공편을 탑승한다. 이 허브·앤·스포크 시스템은 항공기의 좌석을 채우는 데는 효과적인 방법이지만 항공기의 운영 효율성을 제공하지는 못한다.

항공기는 공중에 있을 때 수익이 발생하고 그라운드에 있을 때는 비용이 발생한다. 항공편의 운항 횟수가 많을수록 수입은 증가하고 편당 원가는 낮아진다. 허브·앤·스포크 시스템은 허브공항에서 항공기가 지선 도시의 승객을 연결하기 위해 대기해야 하는 시간 때문에 비용이 늘어난다. 항공기가 그라운드에 있는 시간이 길어지면 수하물 적재, 게이트 탑승, 갤리(Galley)* 물품 탑재, 항공기 급유에 종사하는 직원들의 작업시간 역시 길어진다.

사우스웨스트는 허브공항을 운항하지 않고 지점과 지점을 운항한다. 다른 항공편과 연결하지 않는다. 항공기 연결은 지연 사유 중 하나다. 연결편 승객을 기다리며 추가로 발생하는 시간과 돈을 낭비하고 싶지 않다. 사우스웨스트는 항공기 가동률을 극대화하여 원가를 절감한다. 항공기가 지연되면 지상 체류 시간이 늘어나고 항공기 가동률이 떨어진다. 사우스웨스트의 운송시스템은 항공기의 지상 체류 시간을 줄이기 위해 최적화되어 있다.

NUTS(1966)에 따르면, 운항 초기에 사우스웨스트는 게이트 도착 후 10분 이내에 항공기를 되돌려 보낼 수 있다는 것을 알았다. 또한 항공기의 지상 체류 시간을 10분으로 줄이면 운항비용을 25% 절감한다

---

* 항공기, 선박, 열차에서 음식을 요리하고 준비하는 곳을 말한다.

는 것도 알았다. 항공기의 규모가 확대되고, 각 항공기의 휴대 수하물과 항공 화물량이 늘어나도, 그리고 운항하는 많은 공항이 혼잡해도 사우스웨스트 항공기의 평균 회송 시간(Turnaround time)은 20분이다. 이는 업계 평균의 절반 수준으로 여전히 다른 항공사보다 훨씬 빠르다. 사우스웨스트 항공기 3대 중 2대는 턴어라운드 타임이 20분이거나 그 미만이다. 15~20분의 퀵 턴(Quick turn)으로 사우스웨스트는 업계 평균 턴어라운드 시간을 가진 항공사에 비해 약 35대의 항공기를 적게 운항할 수 있었다고 한다.* 이렇듯 설비 투자에서 절감한 금액은 고객에게는 낮은 운임으로 그리고 주주에게는 배당금으로 돌아갔다.

사우스웨스트의 퀵 턴은 직원 간 고도의 협력 정신에서 비롯된다. 직원의 대부분이 노조원이지만 사우스웨스트는 노무계약을 통해 신축적인 시스템 운영에 합의했다. 예를 들어, 객실 승무원과 조종사는 기내 물품 보급직원, 램프 직원과 함께 기내에 물건을 싣고, 쓰레기를 줍고, 가방을 싣는다. 직원들은 항공기를 정시에 내보내기 위해 사전에 규정한 직무 범위를 벗어나 기꺼이 탄력적으로 일한다.

아시아나항공은 국내선 턴어라운드 타임을 단축하기 위해 2004년 25분 퀵 턴을 시도한 적이 있다. 블록 타임(Block time)** 1시간에 턴어라운드 타임 25분을 적용하여 국내선 항공편 스케줄을 편성하였다. 지금처럼 국내선 항공편의 블록 타임을 1시간 10분 그리고 턴어라운

---

* Nuts! Southwest Airlines' Crazy Recipe for Business and Personal Success(1966)
** 항공기의 출발부터 도착까지의 시간을 말한다.

드 타임을 40분으로 편성한 것과 비교하면 매우 의욕적인 목표였다. 지금의 스케줄보다 총 25분을 줄이는 시도였다. 블록 타임 1시간과 턴어라운드 타임 25분에 맞추어 편성한 항공기 스케줄 때문에 항공기 지연이 빈번하게 발생했다. 또 후속 항공편의 연쇄 지연을 유발하면서 고객들의 원성이 높아졌다. 현장 직원들의 불만도 지속적으로 터져 나왔다. 턴어라운드 타임은 25분 퀵 턴을 모방하였으나 25분 퀵 턴을 실현하는 데 필요한 LCC의 내부 골격은 모방하지 못했다. 아시아나는 풀·서비스(Full service) 항공사이기 때문에 LCC의 비즈니스 모델에 적합하지 않은 골격을 가지고 있다.

몇 가지 예를 들면, 사우스웨스트는 좌석을 배정하지 않는다. 탑승구에 오는 순서대로 탑승 순서를 부여한다. 앞쪽 자리에 앉으려면 탑승 게이트에 일찍 가서 번호표를 받아야 한다. 좌석을 배정하지 않았으니 승객들은 탑승 게이트로 빨리 모인다. 탑승 시간을 줄일 수 있는 시스템이다. 하지만, 아시아나는 좌석을 배정하여 승객이 좌석을 찾아 앉는 데 시간이 걸린다. 탑승 게이트에 일찍 가서 번호표를 받아 앞 좌석을 잡아야 하는 부담감이 없다. 항공기 출발시간까지 면세점에서 느긋하게 쇼핑을 한다. 서점에 들어가 기내에서 읽을 책을 고른다. 시간 가는 줄 모르고 쇼핑하다가 페이징(Paging) 방송*을 듣고서야 탑승구로 달려간다. 탑승 시간을 줄이기 어려운 구조다.

사우스웨스트는 도착 승객들이 뒷문을 통해 하기한다. 승무원들이

---

* 공항 등에서 사람을 찾는 안내방송을 말한다.

그 뒤를 따르며 좌석벨트를 정위치하고 쓰레기를 줍는다. 마지막 승객이 하기하면 기내 정리도 완료하고 바로 출발 승객의 탑승을 시작한다. 아시아나항공은 도착 승객들이 앞문으로 다 내리고 나면 청소 직원들이 램프에서 기다리고 있다가 계단을 통해 기내로 이동한다. 전기 청소기로 기내 청소를 완료하면 객실 승무원이 앞에서 맨 뒤까지 기내 청결 상태를 점검한다. 조종사에게 탑승해도 좋다는 확인을 받고 운송 직원에게 탑승 사인을 준다. 게이트에서 탑승 방송과 함께 탑승을 시작한다.

사우스웨스트는 퀵 턴이라는 공동목표를 위해 직원들이 자신의 직무 범위에 구속되지 않고 서로 협력하는 업무 환경이다. 조종사가 보딩을 지원하고 승무원은 기내 청소를 한다. 아시아나는 조종사, 승무원, 운송 직원, 지상조업 직원 각각의 직무 목표에 충실히 하는 업무 환경이다. 조종사는 조종실에서 운항 준비를 하고 승무원은 기내서비스 준비를 한다. 항공기의 퀵 턴에 몰입하기 어려운 구조다.

사우스웨스트는 혼잡한 허브공항에 운항하지 않는다. 혼잡하지 않은 2차 공항에 운항하여 항공교통관제(ATC, Air Traffic Control)로 지연될 소지가 없다. 아시아나가 운항하는 김포공항 국내선은 혼잡공항으로 지연될 소지가 있다. 성수기에는 더욱 그렇다.

원가절감을 위한 아시아나항공의 25분 퀵 턴 시도는 성공하지 못했다. 외형은 모방했으나 그 외형을 지탱하는 내부 골격을 갖추기에는 장애 요인이 많았다.

겨울(冬):

대한항공그룹의 꿈 어게인

산업은행과 대한항공의 시장이분지계(市場二分之计)

미래에셋대우와 컨소시엄을 구성한 HDC현대산업개발이 2019년 11월 아시아나 인수 우선협상 대상자로 선정되었다. 현대산업개발은 강서구 오쇠동에 있는 아시아나항공 본사에 실사 팀을 구성하고 본격적인 실사에 들어갔지만 COVID-19 발병으로 인수 환경이 급격히 변했다.

코로나 바이러스 유입을 차단하기 위해 나라마다 자국의 국경을 봉쇄하고 나섰다. 전 세계 공항에서 하루 10만 회를 뜨고 내리던 항공기는 이제 25m의 간격을 두고 줄지어 세워지기 시작했다.* 2020년 1월 국내에서 첫 환자가 발생하고 3개월이 지난 2020년 4월의 국제선 항공기 운항 횟수는 지난해 같은 기간보다 84.6%가 감소했다. 국제

---

* 항공기 엔진 가동(점검) 시 뒤의 항공기에 먼지나 배기가스가 미치지 않도록 항공기의 앞뒤 간격을 25m로 유지하고 주기한다. (CNA Insider. 2020)

선 여행자 수는 지난해 같은 기간보다 97.9%가 감소했다. 국내 항공 및 관광업계는 정부의 재정적 지원 없이는 존립 자체가 위태로운 지경이었다. 국제항공운송협회(IATA) 사무총장 알렉산드르 드 주니악 (Alexandre de Juniac)이 2020년 3월 25일 문재인 대통령에게 보내는 서한을 통해 정부가 재정 지원해야 할 항목을 세세하게 나열했다.

아시아나항공 실사를 진행하던 현대산업개발은 코로나19가 가져온 아시아나항공의 주가 하락과 적자 폭의 확대에 대한 재평가가 필요했다. 또 아시아나항공 임원과의 일대일 면담 등을 토대로 채권자인 산업은행과 인수가격에 대한 재협상을 시도했다. 산업은행(前 이동걸 총재)은 현대산업개발의 인수를 철회하고 대한항공의 인수·합병을 결정했다.

데일리안(2022)의 보도에 따르면, 산업은행은 기간산업안정기금에서 수조 원을 투입해 아시아나항공을 개별 기업으로 남기는 안과, 산업 효율화를 고려해 대한항공과 인수합병을 추진하는 안 중에서 후자를 선택하였다. 대한항공은 아시아나를 인수·합병하기로 하면서 산업은행의 계획을 지지했고, 반대로 산업은행은 대한항공 경영권 분쟁 상황에서 든든한 대한항공의 우군이 되었다고 한다.[*] 대한항공이 아시아나를 인수·합병하기로 한 것은 산업은행과 대한항공 각자의 이익에 부합한 결정이었다는 설명이지만 시장경쟁이나 소비자 편익에 대한 고려는 없었다.

---

[*] 데일리안(2022. 5. 26.)

물론, 한국경제(2022)의 보도에 따르면, 대한항공은 아시아나항공 인수가 국가 기간산업 정상화와 소비자 편익 증대를 위한 유일한 대안이라는 점을 재차 강조했지만, 시장의 일반적인 시각과는 거리가 있다. Big 2의 합병으로 시장에서 경쟁이 사라지고 독과점 체제가 형성되면 소비자 편익은 자연스럽게 훼손된다. Big 2의 합병을 바라보는 시장의 일반적인 우려다.

산업은행이 대한항공을 찾아 시장이분지계(市場二分之計)를 내놓았다. 대한항공이 아시아나항공을 흡수하고 시장을 대한항공그룹과 독립 LCC로 양분하는 구도다. 대한항공, 아시아나항공, 국적 LCC로 이루어진 기존 삼각구도에서는 수요 성격별로 경쟁 상대가 구분되어 있었다. 대한항공과 아시아나항공, 아시아나항공과 국적 LCC, 그리고 자회사 LCC와 독립 LCC가 각각 경쟁 구도를 형성했다. 시장 참여자 각각의 분투로 시장 전체의 수요가 확대되는 구조다. 그러나 대한항공그룹과 독립 LCC가 맞서는 구도에서는 이야기가 다르다. 힘의 균형이 깨지면서 시장의 경쟁 모드는 힘 가진 자의 공격 모드로 전환할지도 모른다. 시장에서 아시아나항공의 완충 역할이 사라졌으니 대한항공은 이제 자회사 LCC와 함께 독립 LCC를 효과적으로 협공할 수 있는 기회가 생겼다. 예를 들면, 인천-나트랑 노선에서 대한항공이 낮은 가격과 높은 공급력을 투입하여 자회사인 진에어와 함께 같은 노선을 운항하는 티웨이항공과 제주항공을 집중적으로 공격할 수 있는 여유가 생겼다.

시장이분지계(市場二分之計)로 '대한항공의 꿈 어게인'이 시작되었다.

대한항공과 산업은행이 미국 법무부 차관을 만나 한 이야기

매경이코노미(2023)가 인용한 미국 정치 전문 매체 폴리티코에 따르면, 미국 법무부는 대한항공의 아시아나항공 인수를 막기 위해 소송을 제기하는 방안을 검토 중이며, 이는 한국과 미국을 오가는 여객 및 화물 시장의 경쟁이 감소한다는 이유에서다. 발등에 불이 떨어진 대한항공과 산업은행은 함께 미국 법무부 차관을 면담하였고, 이 자리에서 미국 법무부는 이번 합병이 대한항공의 시장 독점을 심화시킬 것이므로 독점을 해소할 대체 항공사를 찾아오라고 요구했다는 후문이 전해졌다. 대한항공은 미국 측에 설명하기를, 한·미 노선의 국적항공사 이용객은 대부분 한국인이라 미국 소비자에게 영향이 없고, 또한 다른 경쟁 항공사가 운항하지 않는 것은 수요가 부족하기 때문이라고 강조했다고 한다.

대한항공이 미국 법무부에 한 설명에 따르면, 대한항공과 아시아나항공의 주요 고객은 한국인이고 미국 소비자는 거의 이용하지 않으므로 대한항공과 아시아나의 합병이 근본적으로 미국 소비자에게는 영향이 없다는 것을 강조한 것으로 보인다. 그럼, 한국 소비자는 영향을 받아도 좋다는 말인가? 독점에 서슬 퍼런 잣대를 들이대는 미국 법무부를 설득할 수 있는 설명은 아니다.

또한, 미주 노선에 다른 경쟁사가 운항하지 않는 것은 수요가 부족하기 때문이라고 답변했다고 한다. 해석하면, 수요가 부족한 노선에서 대한항공과 아시아나항공이 합병을 통해 공급력을 조정하고 경쟁을 축소하겠다는 의사를 노골적으로 드러낸 꼴이다. 글쎄 미국 법무부가 이 설명을 어떻게 받아들일지 궁금하다.

항공사 합병에 대한 미국 정부의 시각을 이해하기 위해서는 최근 바이든 정부에서 전개하고 있는 반독점법의 적용 사례를 살펴볼 필요가 있다.

항공사 합병과 바이든 정부의 반독점법

Forbes(2023)*에 따르면, 미국의 LCC인 제트블루(JetBlue)는 두 가지의 반독점 소송으로 정부와 다투어 왔다. 하나는 아메리칸항공과의 북동부 동맹(Northeast Alliance)이고, 다른 하나는 스피릿항공(Spirit Airlines)과의 38억 달러(한화 약 4조 8천억 원)에 상당한 합병이다.

정부 규제 당국은 제트블루와 아메리칸항공의 북동부 동맹이 경쟁

---

* Suzanne Rowan Kelleher(2023. 7. 6.). JetBlue will Dump Alliance With American To Save Spirit Deal.

을 저해하고 요금 인상으로 이어져 반독점법을 위반했다고 주장한다. 미국 지방법원은 아메리칸항공과 제트블루가 북동부 시장을 분할하여 "치열한 경쟁의 관계를 광범위한 협력"의 관계로 대체하면서 반독점법을 위반한 것으로 판결했다고 한다.

항공 및 기술 산업은 소수의 회사가 지배력을 행사하면 소규모 기업의 도전이 어려워지는 특성이 있다고 평가하고 반독점법을 보다 적극적으로 적용했다. 미국 법무부는 제트블루와 아메리칸항공의 제휴가 유지되면 경쟁이 감소하여 여행객들은 연간 수억 달러의 비용을 지출하게 될 것이라고 지적했다.

미국은 항공사 간의 합병으로 대형 항공사의 수가 크게 줄었다. 2010년 델타항공과 노스웨스트항공이 합병했다. 2012년은 유나이티드항공과 콘티넨털항공이 합병했다. 그리고 2013년에는 아메리칸항공과 US Airways가 합병했다. 대형 항공사의 합병으로 여행자의 선택권이 줄었다. 한·두 개의 항공사가 지배하는 허브공항에서 이러한 대형 항공사의 합병은 여행자의 선택권을 심각하게 침해한다.

제트블루의 스피릿항공 인수에 대해서도 미국 법무부는 경쟁이 감소할 것을 지적했다. 특히 항공료를 절약하기 위해 스피릿항공에 의존하는 소비자들에게 피해를 준다고 주장하고 제트블루의 스피릿 인수 역시 차단하기 위해 소송을 제기했다고 밝혔다.

Forbes가 밝힌 위의 사례들을 종합해 보면, 바이든 정부는 항공 및 기술 대기업 간의 합병이 경쟁을 저해하고 소비자 이익을 침해한다고 판단하고 반독점법을 적극적으로 적용하고 있다. 바이든 정부의 법무부는 아메리칸항공과 제트블루의 북동부 동맹이 항공산업의 경쟁을 저해했다는 사유를 들어 동 제휴를 종료하도록 판결했다. 또한 제트블루의 스피릿 항공 인수 역시 같은 사유로 소송을 제기했다.

미국 법무부 장관 Merrick B. Garland는 제트블루와 스피릿항공의 합병으로 인해 수천만 명의 여행자가 비싸진 요금과 줄어든 선택권으로 피해를 볼 것이며, 초저가 항공사인 스피릿항공에 의존하는 승객들이 가장 큰 영향을 받는다는 우려를 표명했다고 한다.

대형 항공사 간의 인수·합병으로 인해 미국 내 대형 항공사의 수가 크게 줄어든 것에 대해서도 미국 법무부는 항공 소비자의 선택권이 제한된 것으로 인식하고 대형 항공사 간의 인수·합병을 부정적인 시각으로 바라보고 있다.

대형 항공사 간 합병을 바라보는 미 법무부의 이러한 1) 경쟁 저해, 2) 소비자 이익 침해, 3) 항공 여행자 선택권 제한, 그리고 4) 대형 항공사의 허브공항 지배력 강화에 대한 우려를 이해해야 한다.

바이든 정부가 경쟁을 저해할 소지가 있는 자국 항공사의 합병(안)에 대해서도 반독점법의 잣대를 엄격히 들이대는데 하물며 외국 항공사의 합병에 대해 소홀히 처리하겠는가? 게이트 및 슬롯 매각을 약속하며 스피릿항공과의 합병을 추진하는 제트블루의 모습에서 아시아나항공과의 합병 승인을 기다리는 대한항공의 모습이 겹친다.

JAL의 교훈: '경쟁과 독점'

오니시 야스유키의 저서 『이나모리 가즈오 1,155일간의 투쟁』은 오늘날 일본이 2개의 대형 항공사 경쟁체제를 유지할 수 있었던 강한 리더십에 대한 이야기를 담고 있다. JAL은 예전부터 몇 번이나 경영 위기에 빠졌지만, 그때마다 국가의 지원으로 위기를 모면했다고 한다. 우리 항공도 마찬가지다. 1997년 IMF, 2008년 글로벌 금융위기 등 경영 위기에 직면할 때마다 정부의 재정지원으로 위기를 넘겼다.

JAL의 간부는 회사의 이익보다는 사내의 이견을 조정하거나 정부와의 교섭에 힘쓰는 일을 업무라고 생각하는 사람들로 경영층을 구성해 왔다. '병든 대기업'의 전형적인 모습을 하고 있었다고 책은 전한다. 80세를 눈앞에 둔 이나모리 가즈오가 2010년 2월 1일 JAL의 회장직을 맡아 회사의 갱생 계획을 지휘한 것은 다음 3가지의 대의 때문이었다:

첫째, 2만 명에 가까운 인원을 감축하고 남은 3만 2,000명의 직원을 지켜내는 것,

둘째, 일본 항공업계에 대기업은 ANA 하나만 남아 건전한 경쟁이 이루어지지 못하고 독점상태에 빠지는 것을 막는 것,

셋째, JAL의 도산이 일본 경제에 미칠 악영향을 막아내는 것이다.

ANA의 로비스트들은 '국가 대표 항공사를 하나로!'라는 슬로건을 내세워 JAL의 국제선 부문을 ANA로 흡수하는 계획을 검토하고 있었

다. 이나모리 가즈오는 JAL과 ANA, 이렇게 2개 항공사의 경쟁을 어떻게든 지킬 생각이었다. 그에게는 '독점은 악'이라는 신념이 있었다고 한다.

대한항공 관계자는 "아시아나항공 인수 후 2년 동안은 각자 운영하고, 2년 후엔 대한항공이라는 이름 아래 통합이 될 것"이며 "항공업계의 재편을 위해 아시아나항공과의 통합은 꼭 필요하다"라고 강조했다.[*] 대한항공이 말하는 항공업계의 재편이 항공 소비자의 편익과 국민의 이익을 훼손하는 쪽으로 이루어져서는 환영받지 못한다. 더 저렴한 가격으로 더 나은 서비스를 누리는 것은 그간 누려온 소비자의 당연한 혜택이다.

이나모리 가즈오의 '독점은 악'이라는 강한 신념, 그리고 일본 항공업계에 2개 대형 항공사의 경쟁체제를 유지해 나가고자 하는 강력한 리더십은 Big 2의 합병을 바라보는 우리에게도 울림이 있다.

Big 2의 합병을 바라보는 나의 생각

2023년 11월 아시아나항공 이사회가 화물 부문 매각안을 가결했다. 합병으로 가는 관문 하나를 통과했다. 승인을 전제로 Big 2의 합병이 시장의 경쟁 구도와 국적항공사의 시장점유율에 미치는 영향을

---

[*] 데일리안(2022. 5. 26.)

보자.

먼저, 경쟁 구도의 변화다.

유비가 제갈량을 찾아 '천하삼분지계(天下三分之計)'를 얻는다. 위나라의 조조와 오나라의 손권이 대립하는 구도에서 유비가 파·촉을 차지하여 위·촉·오 삼국이 정족지세(鼎足之勢)의 형세를 이룬다. 정족지세란 솥의 발이 셋으로 견제와 안정을 유지하는 삼각구도를 의미한다. 발 하나가 부서지면 솥 전체의 안정이 위협받는 구도다.

우리 항공은 '시장삼분지계(市場三分之計)'를 이루어 외견상 안정적인 형세를 보였다. 시장을 대한항공의 고가 수요, 아시아나항공의 중·저가 프리미엄 수요, 그리고 국적 LCC의 저가 수요로 삼분하여 전체 시장 규모를 확대하기 용이한 구도를 갖추었다.

산업은행이 대한항공을 찾아 '시장이분지계(市場二分之計)'를 내놓았다. 대한항공은 사양할 이유가 없다. 오나라의 손권이 파·촉을 치고 천하를 조조와 손권으로 이등분한다는 주유의 '천하이분지계'는 그의 죽음으로 실현되지 않았다. 솥을 지탱하는 세 개의 발 중 하나가 무너지면 솥 전체의 구도가 불안해진다. 우리 항공운송시장의 경쟁구도가 안정적인 삼각구도에서 대한항공그룹과 독립 LCC의 이분 구도로 이전해 가는 과정이다.

다음은 국제선 시장점유율의 변화다.

2019년 실적을 기준으로 Big 2 합병 이전의 국적항공사 시장점유율을 보자. 대한항공그룹(진에어 포함)과 아시아나항공그룹(에어부산, 에어서울 포함), 그리고 독립 LCC(제주항공+이스타항공+티웨이항공 등)의 국제선 운송점유비는 각각 41.6%, 31.5%, 26.9%를 차지한다. 정족지세의 안정적인 구도다.

이제 Big 2 합병 이후의 시장점유율을 보자. 대한항공그룹(아시아나항공그룹 포함)과 독립 LCC가 각각 73.1%, 26.9%를 차지한다. 이 수치는 국적 LCC가 시장에 진입하기 이전인 2007년 대한항공과 아시아나가 양분했던 국제선 점유비 61.2% 대 38.8%와 비교하여 그때보다 대한항공그룹의 점유비가 11.9%p(73.1%-61.2%)가 늘어났다. Big 2의 합병으로 대한항공의 국제선 여객 수송 점유비가 16년 전보다 확장되었다. 대한항공그룹의 시장지배력이 강해졌다.

그럼, Big 2의 합병을 노선의 독과점, 소비자 편익, 인천공항, 그리고 국가의 항공운송산업 경쟁력의 네 가지 관점에서 조명한다.

첫째, 노선의 독과점 현상이다.

"독점은 악이다." 80세를 눈앞에 둔 이나모리 가즈오가 2010년 2월 1일 JAL의 회장직을 맡아 JAL의 재건을 지휘한 것도 "독점은 악"이라는 그의 신념 때문이다. 그는 일본의 항공업계 대기업이 ANA 하나만 남아 건전한 경쟁이 이루어지지 못하고 독점상태에 빠지는 것을 막고자 했다. 그는 JAL과 ANA, 이렇게 2개의 항공사로 건전한 경쟁을 만드는 길을 어떻게 해서든 지켰다.

2010년 JAL의 부채 총액은 20조 5천억 원이다. 2022년 말 아시아나항공의 부채 총액은 12조 7,397억 원이다. 2023년 상반기에 13조

732억 원으로 3,335억 원이 늘었다. 외부로 드러나지 않은 잠재부채나 우발채무의 가능성이 존재하여 부채 총액은 더 늘어날 수 있다. 2010년 JAL의 모습이 2023년 아시아나항공의 모습과 닮았지만, 서로 가는 길은 다르다. 하나는 경쟁의 길이고 다른 하나는 독점의 길이다. 그럼, 어떤 노선에서 독과점 현상이 두드러지는지 보자.

국적 LCC의 주력 노선인 일본과 동남아 항공시장은 독과점의 우려가 다른 지역 대비 크지 않다. 물론 현재의 시점에서 그렇다는 이야기다. 이후 Big 2의 합병이 성사되고 시장의 경쟁구도가 대한항공그룹과 독립 LCC의 이분 구도로 전개되면 상황이 빠른 속도로 다르게 전개될지도 모른다.

일본은 국적 LCC의 운송점유비가 55.3%에 달하고 동남아는 34.2%여서 이미 국적 FSC의 운송점유비를 상회한다. 그러나 장거리인 미주와 유럽, 그리고 단거리인 중국은 상황이 다르다. 최근 장거리 저비용 항공사를 표방하는 에어프레미아가 미주의 로스앤젤레스와 뉴욕, 그리고 유럽의 프랑크푸르트를 운항한다. 티웨이항공 역시 향후 장거리 운항을 준비한다고 하지만 LCC가 장거리 운항에서 성공한 사례는 찾아보기 힘들다. LCC의 효시인 미국의 사우스웨스트나 유럽 최대 LCC인 라이언에어도 장거리인 대서양횡단 노선은 운항하지 않는다. 그들은 거대한 국내시장과 역내시장을 운항하는 것과 국제선은 일부 근거리 관광목적지만 운항한다. 사우스웨스트항공은 국제선으로 인근 자메이카와 쿠바, 아이티, 도미니카를 운항한다. 미국과 유럽 장거리 노선에서 에어프레미아와 티웨이의 성공적인 진입과 정착을 기원하지만 이들의 장거리 운항 적응력과 지속 가능성을 우려하지 않을 수 없다.

2019년 기준 미주는 대한항공과 아시아나가 72.1%를 점유했다. 자국민은 자국의 항공사를 선호하는 성향을 감안하면 합병 이후 미주노선은 대한항공그룹이 100% 완전독점하는 것과 다르지 않다. 당분간 대한항공은 전략적으로 에어프레미아의 미국 노선 운항이 실제로 성공하는 것을 보여야 하며 또 대중에게 널리 알려야 하는 상황이 전개될 수 있다.

유럽은 국적 FSC가 49.1%, 국적 LCC가 6.1%를 차지하여 국적항공사가 55.2%를 차지한다. 국적항공사의 운송점유비 55.2%를 국적항공사만 기준으로 놓고 계산하면 합병 이후 유럽노선은 대한항공그룹이 88.9%를 점유한다. 우리는 유럽을 운항하는 국적항공사 중에 대한항공그룹의 항공편을 이용하지 않고는 유럽 여행을 하기 쉽지 않다. 대한항공과 아시아나가 경쟁하던 시기의 소비자 혜택도 사라진다.

그럼, 단거리인 중국은 무엇이 문제인가? 중국 노선에서 서로 경쟁하던 대한항공의 운송점유비 21.3%와 아시아나항공의 운송점유비 21.2%가 합병 이후 더해져 42.5%가 된다. 우리 국민이 자주 찾는 단거리 노선에서 서로 치열하게 경쟁하던 두 항공사가 하나가 되었다. 선택권이 소멸했다. 여기에 국적 LCC의 점유비 9.1% 중에서 진에어, 에어부산, 에어서울의 점유율 3.2%를 빼내 더하면 대한항공그룹의 운송점유비는 45.7%로 늘어난다. 이를 국적항공사만을 기준으로 다시 계산하면 대한항공그룹의 점유비는 88.6%로 늘어난다. 중국 노선 역시 자국민을 대상으로 심각한 독과점 체제가 형성된다.

우리가 국적항공사를 이용하여 해외 여행하는 것을 전제로 하면, 대한항공그룹은 미주와 유럽, 그리고 중국 노선에서 자국민을 대상으로 미주는 100%, 유럽은 88.9%, 중국은 88.6%를 독점한다. 미주, 유럽, 중국 노선에서 국적항공사 중에는 대한항공그룹에 맞설 경쟁사가 없다고 표현하는 것이 맞다.

미주와 유럽, 그리고 중국 노선은 우리의 항공 당국이 경쟁요인을 투입하지 않는다면 이들 노선에서 대한항공그룹 항공편을 이용하지 않고는 여행하기 쉽지 않다. 특정 노선에 이러한 독과점이 형성되면 시장 기능이 제대로 작동하지 않는다. 항공운송은 대형 항공사의 시장지배적 영향을 받아 통제적 성장 기조가 유지되며 그 연관 산업의 성장 역시 제약을 받는다. 항공운송은 항공 그 자체의 성장보다도 관광, 제조업, 외국인직접투자(FDI), 그리고 서비스 부문을 포함한 수출 및 여타 경제 분야의 성장을 지원하여 국가 전체 GDP 성장을 견인하는 중요한 요소로 평가받는다. 우리는 독과점을 적극적으로 해소하여 항공사 간 경쟁을 통해 제공되는 저렴한 가격이 소비자 편익을 증진하고 또 관광과 교역을 촉진하여 전체 GDP 성장에 기여할 수 있는 환경을 조성하고 유지해야 한다.

그럼, 미주와 유럽, 그리고 중국 노선에 경쟁요인을 투입하는 방안은 무엇이 있을까? 미주와 유럽 장거리 노선은 에어프레미아 등 장거리 저비용 항공사가 Big 2의 합병에 의한 경쟁 소멸을 차단하고 보완하도록 지원해야 한다. 합병 이전 아시아나항공이 했던 역할을 담당하도록 한다. 그리고 중국은 한·중 항공자유화협정을 체결하여 대한항공그룹의 독과점을 해소하고 국적 LCC의 시장진입을 늘리는 것이 급선무다. 항공자유화협정에서 양 체약국 항공사는 양국 간의 모든 노선에 대한 진입, 운항 횟수, 공급력 결정이 자유롭다. 항공자유화는 경쟁을 촉진하여 항공료가 낮아진다. 시장 규모는 커지고 항공사의 효율성이 증가한다. 자유로운 경쟁환경에서 항공사는 소비자 혜택을 증진한다. 아울러 항공 부문 그 자체보다 GDP 성장에 훨씬 더 기여가 큰 국제 관광과 교역, 그리고 기타 관련 산업을 촉진한다.

주목해야 할 주요 성장시장 중 하나는 중국 지방도시의 중산층 수요다. 지방도시 중산층의 가처분 소득이 증가하면서 중국 지방도시의 해외관광이 호황이다. 이들 대부분은 낮은 가격을 제공하는 LCC를 선호한다. 해외관광을 위해 베이징, 상하이, 광저우의 허브공항으로 이동하여 대형 항공사의 자리를 채우는 데 돈과 시간을 낭비하고 싶지 않다. 지방도시-지방도시 간 직항로 개설이 중요해지는 이유다.

중국관광아카데미(2016)에 따르면, 중국 해외여행자의 절반은 2선, 3선 지방도시의 출발이다. 여객 수요의 빠른 성장은 개발을 완료한 중국의 동부 해안지역보다 지방도시에서 이루어진다. 해외 여행수요가 지방도시에서 최종 목적지로 바로 가게 되면 베이징, 상하이, 광저우 등 중국 주요 허브공항의 수용력 부족을 해소하는 데도 도움을 준다. 한·중 지방도시 간 항공자유화협정을 체결하여 양국 간 지방도시를 서로 연결하면 허브공항의 집중화를 해소할 수 있다. 또한 지방도시의 관광잠재력을 발견하고 개발할 수 있는 계기가 된다. 한·중 지방도시 간 항공자유화는 2019년 12월 국토부가 국적항공사 경쟁력 강화방안의 하나로 제시하였다. 이제 실행하는 일만 남았다.

위에서 Big 2의 합병으로 독과점이 우려되는 미주, 유럽, 중국 노선에 대한 해결책을 제시하였다. 미주, 유럽노선에서는 아시아나를 대신할 장거리 저비용 항공사의 지원을 통해 시장경쟁을 유지해야 한다. 중국 노선에서는 한·중 항공자유화협정 체결을 통해 양국의 지방도시와 지방도시를 연결할 수 있어야 한다.

둘째, 소비자 편익의 훼손이다.

대한항공과 아시아나는 서로 경쟁하는 노선에서 자사 항공편의 탑승률을 올리기 위해 가격을 낮추고 서비스 품질을 개선한다. 마일리지 추가 제공 등 각종 유인책을 써서 수요 선점에 나선다. 비수기에 항공기 좌석이 비어 나갈 것으로 예상되면 대한항공에 이미 좌석을 확보했거나 혹은 대한항공에 좌석확보를 시도 중인 단체수요를 포착한다. 그 담당 여행사를 회유하고 협박(?)한다. 낮은 가격을 제시하여 기어코 빼 오고 마는 전쟁 같은 경쟁을 마다하지 않는다. 가격할인으로도 수요의 전환유치가 어려우면 PF Ticket*이라는 괴물 같은 무료항

---

* Promotional Free of Charge Ticket: 판촉용 무료항공권

공권을 판매 수단으로 사용하여 여행사를 설득한다. 신규수요 유치와 경쟁사 수요의 전환유치를 위해 가격 경쟁과 서비스 경쟁을 벌인다. 항공사로서는 수입이 감소하고 비용이 발생하는 일이지만 여행객과 여행사는 편익을 향유할 수 있는 기회다. 그러나, 대한항공이 산업은 행과 의기투합하여 아시아나 인수를 결정한 그 순간부터 경쟁은 사라졌다. 대한항공과 아시아나의 협력 모드가 작동하기 시작했다. 작년 8월 인천-뉴욕 항공권 구매를 위해 양사의 홈페이지에서 각각의 항공료를 검색하면서 대한항공과 아시아나항공이 이미 공동의 협력 단계에 진입한 것을 확인했다.

합병 이전에는 두 항공사의 경쟁노선에서 아시아나가 대한항공보다 비싼 적은 없었다. 이것을 아시아나는 후발 항공사의 숙명으로 생각해 왔다. 이렇듯 대한항공 대비 할인된 아시아나항공의 시장 지위는 카드회사의 마일리지-포인트 거래시장에서도 쉽게 확인할 수 있다. 현대카드는 자사의 M 포인트를 항공사 마일리지로 전환할 때 대한항공은 1마일당 25포인트를 공제하고 아시아나는 1마일당 20포인트를 공제한다. 아시아나의 마일리지 가치가 대한항공보다 20% 할인되어 거래가 이루어지고 있다. 이러한 아시아나의 시장 지위는 대한항공 대비 가격 차이를 반영한 것이다.

인천-뉴욕 구간 가격을 비교했던 시점에서 1년이 지났다. 그간 어떠한 변화가 있었는지 현재 시점에서 양사의 가격을 확인해 보자. 다만, 작년에는 미주의 인천-뉴욕 노선 가격을 비교했고 이번에는 유럽의 인천-파리 구간을 비교했다. 2023년 10월 22일 인천에서 출발하고 10월 29일 파리에서 돌아오는 항공편의 아시아나 가격은 2,317,800원이며 대한항공의 가격은 1,882,600원이다. 대한항공이 아시아나보다 40여만 원이 더 싸다. 합병 이전 양사의 가격정책을 지금은 그 반대로 뒤집어서 구사하고 있다. 대한항공보다 낮은 가격에 더 좋은 서비스를 누릴 수 있었던 아시아나 선호 고객들은 허탈하다. 그간 20% 할인된 경쟁 구도에 익숙했던 고객들은 이제 아시아나의 더 높은 가격을 보고 당황한다. '대한항공이 더 싸다!'라는 고객 인식을 시장에 심어가는 과정일까? 아시아나항공 선호 수요를 외항사로 유출하지 않고 대한항공으로 묶어 두는 전략일까? 어차피 하나의 우산이니 예전과 같은 가격경쟁으로 경쟁력을 낭비할 때가 아니다. 수요 선점을 위한 경쟁 사유가 제거되었으니 가격을 할인할 이유도 없다. 오히려 이 기회를 이용하여 부채를 줄이고 재무구조를 개선해야겠다. 이는 대한항공 역시 환영할 일이다. Big 2의 합병으로 소비자의 가격부담만 늘어나게 생겼다.

가격뿐만이 아니다. Big 2가 합병하면 그동안 단독 운항했던 일부 노선을 제외하고 두 항공사가 경쟁했던 모든 노선은 중복 운항 노선이 된다. 이러한 중복노선에서 공급을 조정하는 것은 당연한 순서다. 중복노선의 과잉 공급을 조정하여 핵심 노선에 투입하면 항공사로서는 운항 효율성이 증가한다. 소비자로서는 어떤가? 다양한 스케줄 편의를 누렸었는데 선택권이 줄었다. 중복노선에서 운항 횟수와 공급력이 조정되니 가격은 오를 것이고 소비자 돈은 더 나가게 생겼다.

2021년 3월 22일부터 30일까지 9일 동안 수도권 여행사의 임원과 간부를 대상으로 설문 조사를 진행했다. 모바일 자기기입식 설문 조사 방법을 사용하였으며 총 83부를 배포하여 48부를 회수하였다. 코로나 때문에 여행업계가 모두 어렵고 힘든 시기에 진행한 설문 조사여서 회수율이 낮았다. '대한항공·아시아나항공 합병과 한·중 노선 독과점 체제에 의한 여행사 영향'을 묻는 설문에 대한 응답자의 기술 내용을 요약하면 다음과 같다:

· 시장의 공급조정을 통한 항공료 인상 우려
· 전체 상품가격 인상으로 이어져 모객 부진 및 수익성 악화
· 성수기 좌석공급을 무기로 비수기 좌석의 책임 판매 압력
· 하위 클래스 좌석확보의 어려움으로 원가 상승 및 수요의 중국 이전

수도권 소재 여행사들 역시 항공 소비자로서 Big 2의 합병이 한·중 노선에 미칠 영향을 우려하였다. 여행사들은 중복노선의 공급력 조정으로 인한 항공료 인상, 그에 따른 전체 상품가격의 상승, 그리고 이것으로 인한 타 목적지의 경쟁 상품 대비 모객 부진, 원가 상승에 의한 수익성 악화, 성수기 좌석확보의 어려움, 그리고 하위 클래스 확보를 위한 경쟁 등을 합병의 영향으로 꼽았다. 이로 인해 저렴한 가격과 원활한 좌석공급을 찾아 수요가 중국 항공사로 이전될 것을 우려하였

다. 두 항공사가 가격과 스케줄로 경쟁하던 시기에 여행사가 누렸던 편익의 기회 역시 사라졌다.

셋째, 인천공항의 집중화 현상이다.

인천공항은 3단계 건설사업을 통해 제2 터미널을 신축한 후 기존 제1 터미널은 아시아나가 사용하게 하고 대한항공은 제2 터미널로 이전하였다. 그리고, 대한항공이 사용하는 제2 터미널의 제4 활주로 공사를 시작하여 완공 예정인 2024년에는 제1, 2 터미널의 전체 여객 수용력을 1억 600만 명으로 확장하여 세계 3위 공항의 지위를 유지한다.

아시아나항공은 제1 터미널, 대한항공은 제2 터미널로 각각 분리 운영할 목적으로 확장 개발한 인천공항은 합병 이후에는 대한항공그룹이 제1, 2 터미널을 동시에 사용한다. 대한항공그룹은 인천공항 운영에 대해 인천공항공사를 상대로 거대한 협상력을 갖게 되며, 인천공항의 운영 정책은 대한항공그룹의 노선 운영 전략과 맥을 같이할 것이다.

대한항공의 노선 운영 시스템은 지방도시 지선 수요를 허브공항으로 집중해서 목적지 허브공항으로 운송하는 Hub & Spoke System이다. 인천공항은 아시아지역 최고의 허브공항이 목표다. 지향점이 같다. 아웃바운드를 예로 들면, 대한항공의 운송시스템은 국내 지방도시의 수요를 인천공항으로 집중시켜 해외 허브공항으로 운송하는 것에 특화된 시스템이다. 국내 지방도시에서 직접 해외 지방도시를 연결하는 시스템이 아니다. 대한항공과 인천공항이 성장하면 성장할수록 지방도시 직항로 개설에 의한 지방공항 성장은 요원해지는 구조다.

김해공항을 허브로 운항하는 에어부산이 연속적인 항공기 도입으로 늘어난 공급력을 이미 포화상태인 김해공항에서 해소할 수 없었다. 늘어난 공급력을 대구공항으로 이전하였다. 김해공항의 수용력이 충분했으면 에어부산은 늘어난 공급력을 김해공항에서 소화했을 것이다. 마찬가지로, 인천공항의 수용력이 여유가 있고 충분하면 모든 공급력은 허브공항인 인천공항으로 흡수된다. 반대로, 인천공항의 수용력이 포화상태에 이르면 항공기 연결이 필요 없는 공급력은 지방공항으로 이전된다. 인천공항의 수용력은 지방공항의 직항로 개설과 직결된 문제다. 인천공항의 여객 수용력이 지속 확대되면 인천공항의 제1, 2 터미널을 동시에 사용하는 대한항공그룹은 인천공항의 집중화 현상을 가속화한다. 이는 글로벌 외항사의 인천공항 집중으로 이어진다. 너도나도 인천공항으로 집중하는데 국적 LCC라고 별수 있겠는가? 국적 LCC 역시 인천공항으로 집중하게 되니 지방공항의 해외 직항로 개설은 더욱 멀어진다.

인바운드의 경우는 수요의 성격에 따라 서로 다른 접근이 필요하다. 인천공항은 연간 국제선 여객 수용력을 기준으로 글로벌 3위 공항이다. 아시아지역 최고의 허브공항을 표방하는 인천공항의 환승수요 점유율은 2013년 18.7%에서 2019년 11.8%로 하락세를 거듭하고 있다. 유럽 허브공항인 네덜란드 스키폴공항의 환승률이 36.6%인 것에 비하면 인천공항의 환승수요 점유율은 저조하다. 허브공항의 역할은 부족한 것으로 보인다. 인천공항은 여객 수용력 확장으로 항공사의 공급력이 집중되고 국제선 여객 수는 증가했지만 환승수요의 성장세는 이를 따라잡지 못해 환승수요 점유율은 하락했다. 인천공항의 국제선 수요 집중을 기존의 아웃바운드 수요 집중에서 환승수요 집중으로 전환할 것을 요구하고 있다.

인천공항을 통한 동남아의 미주행 환승수요의 집중화는 적극적으로 지원해야 한다. 대한항공은 동남아 각 도시의 미주행 수요를 인천공항에서 환승하여 미주의 장거리 노선으로 운송하는 것에 장기를 발휘한다. 델타항공과의 조인트 벤처(Joint Venture)를 강화하여 미국 국내 연결노선을 확장하고 동남아 공급력을 확대하여 동남아 출발 미주행 수요 유치에 박차를 가한다. 대한항공의 배타적 경쟁력이다. 동남아 미주행 수요를 인천공항을 통해 미국 전역으로 연결하는 시스템을 강화한다. 이는 동남아 현지의 자국민 3·4 수요 유치에 유리한 현지 항공사와 경쟁 수요를 차별화하는 전략이다. 동남아와 미주를 연결하는 중·장거리 노선 공급력 확대 역시 인천공항의 집중화 현상을 강화하지만 이는 환승수요 유치를 위한 허브공항의 중대한 역할이다. 정책 지원해야 한다.

다만, 중국 지방도시의 증가하는 중산층 인바운드 관광수요를 인천공항으로 집중시키는 것은 양국 간 항공 및 관광시장의 성장 잠재력을 저해할 수 있다. 무역 및 투자 등 기타 연관 산업의 성장에도 유익하지 못하다. 인천공항으로 집중된 공급력이 막히는 성수기에는 중국인의 관광수요를 지방도시에서 흡수할 재간이 없다. 인천공항이 막히면 공급이 원활한 일본 지방도시와 동남아로 방향을 튼다. 한·중 지방도시 항공자유화를 통해 양국의 지방도시와 지방도시를 연결하면 중국 지방도시의 해외관광 수요를 지방공항에서 흡수할 수 있다. 우리의 항공과 관광이 한 단계 도약하는 기회가 거기에 있다.

넷째, 국가 항공운송산업의 경쟁력 손실이다.

국가의 항공운송산업 경쟁력은 대형 항공사 하나의 몸집을 키워서 성취할 수 있는 것이 아니다. 합병을 추진하는 이들은 대한항공이 아시아나를 합병하면 세계 10대 항공사의 반열에 올라 국가 항공운송산업의 글로벌 경쟁력을 향상한다고 주장한다. 일부 기득권과 합병을 지지하는 세력은 부실 항공사를 대한항공에 넘겨 국적항공사의 규모를 확대하면 국가 경제에 왠지 도움이 된다고 생각하는 것 같다. 항공운송산업의 경쟁력은 항공 그 자체로 평가하지 않고 항공이 경제에 미치는 경제적 파급효과로 판단한다.

Shaoxuan Liu & Tae Hoon Oum(2018)의 논문 「중국·아세안 항공자유화에 의한 중국 항공정책의 자유화 전망」에 따르면, 역사적으로 국적항공사의 부가가치 형태의 경제 기여도는 무시해도 좋을 정도다. 대신에 항공 부문이 경제에 미치는 대부분의 편익은 여행자에게 그리고 무역, 관광, 제조 및 기업 부문 등 관련 산업에 더 저렴하고 효율적이며 편리한 서비스를 제공하는 것의 파급효과에서 나온다. 중국은 민간항공 부문의 GDP 직접 기여도가 미화 327.7억 불(2014년)에 지나지 않는다. 관광 부문의 직접 기여도는 미화 2,752억 불(2016년)이다. 국제 상품 교역 부문의 GDP 기여도는 2016년 미화 8,760억 불이다. 이것은 국제 항공운송 시장의 자유화로 경쟁이 증가하여 중국의 국적항공사가 심한 손실을 보게 되는 최악의 시나리오인 경우라 하더라도 항공사의 경쟁이 증가하면 여행자와 소비자의 편익이 대폭 늘어나고 또한 중국 GDP가 상당 수준 개선되어 중국 경제에 유익하다는 것을 말해 준다.

이는 국가 항공운송산업의 경쟁력이 개별 국적항공사에 있지 않고 항공사 간 경쟁에 있다는 것을 보여 준다. 항공사 간 경쟁이 증가하여 설사 개별 항공사가 손실을 보았다 하더라도 항공사 간 경쟁이 유발하는 소비자 편익과 국가 GDP의 향상이 바로 국가 항공운송산업의 경쟁력이라는 것을 말해 준다. 그래서, Big 2의 합병을 통해 국가 항공운송산업의 대외 경쟁력을 향상한다는 주장은 시장의 경쟁 소멸이 가져오는 소비자 편익 훼손과 관광 및 교역 약화의 가능성을 간과한 결과라고 하겠다.

경쟁력(Competitiveness)은 마이클 포터(Michael Porter)의 경영전략이론의 경쟁우위(Competitive advantage)와 유사한 개념이다. 이는 경쟁자 대비 차별화하여 우위를 점할 수 있는 역량(Capability)과 전략(Strategy)을 의미한다. 아시아나항공을 예로 들면, 대한항공 대비 중국 노선에서 더 많은 운항 목적지를 보유하고, 또 더 많은 여객을 운송하는 역량(Capability)을 말한다. 또한 고가의 수요에 경쟁력이 있는 대한항공에 대응하여 중·저가 프리미엄 수요를 타겟으로 시장을 공략하는 전략(Strategy)을 말한다. 경쟁사와 차별화한 이러한 역량과 전략을 경쟁력이라 한다. 이러한 경쟁력은 오랜 시간 시장에서 시행착오를 거치며 여객 및 화물은 물론 항공사 동맹(Alliance) 및 여행사 등 항공, 관광, 그리고 무역 부문과 강화된 상호의존도 속에서 하나의 질서로 연결되었다. 이렇듯 하나의 질서로 연결된 경쟁력을 나는 '경쟁력의 고리(Chain of Competitiveness)'라 부른다.

국가 항공운송산업의 경쟁력을 개별 항공사 하나의 규모로 설명하기에는 그 범위가 확장되었다. Big 2의 합병은 아시아나항공이 경쟁사에 대응하여 오랜 기간 풍파를 겪으며 구축해 온 그 방대한 '경쟁력의 고리'의 여러 축이 붕괴하는 것을 의미한다. 이것이 무엇을 말하는지 예를 들어 보자. 아시아나항공과 유나이티드항공은 인천과 로스앤젤레스, 샌프란시스코, 시애틀, 시카고, 뉴욕에서 공동운항(Codeshare) 한다. 미국 국내선 연결편 역시 공동운항에 포함하여 최종 목적지까지 여행자의 편의 및 편익을 제공한다. 이는 대한항공과 델타항공이 구축한 한·미 노선의 공동운항(Joint Venture)에 대응하여 하나의 질서처럼 이루어진 '경쟁력의 고리'다.

이렇듯 대한항공과 아시아나항공이 아시아태평양횡단 노선에서 서로 치고받는 경쟁은 미국 전역으로 확대되어 여객 및 화물 소비자의 혜택은 물론 유관 산업에까지 경제적 파급효과를 미친다. 그런데 Big 2의 합병으로 이 '경쟁력의 고리'의 한 축이 무너질 위기에 놓였다. 아시아나항공과 유나이티드항공의 항공사 동맹의 축이 무너지는 이 위기를 유나이티드항공이 보고만 있을 것인가? 십중팔구는 미국 법무부를 상대로 Big 2의 합병이 시장경쟁을 훼손했다고 비난하고 공격할 것이다.

지금까지 Big 2의 합병을 바라보는 저자 개인의 의견을 바탕으로 네 가지 측면에서 이야기를 풀었다. 항공사에서 퇴직한 지 6년이 지난 일반인의 위치에서 Big 2의 합병을 놓고 여러 각도에서 연구를 진행할 여유는 없다. 알고 있는 지식의 편협이 한계이고 또 현업을 떠난 후 현장에서 벌어지는 실상과의 거리감도 한계로 존재한다. 생각의 오류가 있을 수 있고 또 다른 의견도 존재할 것이다. 다만, 이러한 한계점을 갖고 접근했다 하더라도, Big 2의 합병이 가져올 노선의 독과점 현상, 소비자 편익의 훼손, 인천공항의 집중화 현상, 그리고 국가 항공운송산업의 경쟁력 손실은 상식적인 수준에서도 공감할 수 있는 내용이다. Big 2의 합병을 바라보는 나의 생각은 순전히 저자 개인의 공감을 기반으로 했다. 경쟁 소멸의 우려를 해소하고 훼손과 손실을 보완하는 노력이 뒤따르면 좋겠다.

맺음말

색동날개와 나의 인연은 색다르다. 첫 직장이자 그 구성원이라는 공적의 건조한 관계 이상의 각별함과 고마움이 있다. 이 고마움과 각별함은 2000년 4월 25일 색동날개의 충칭지점장으로 부임할 때 잉태됐다. 나는 부임 후 두 달이 채 되지 않은 6월 22일 충칭-서울 국제선 직항로를 개설하고 아시아나항공 첫 여객기를 성공적으로 론칭했다. 사적으로는 40대에 들어선 노총각 지점장이 충칭에서 중국인 아내를 운명적으로 만나 결혼하고 아들을 낳아 건강하고 행복한 가정을 이루었다. 색동날개의 인연으로 나는 충칭의 사위가 되었다.

장인 닝용종(宁永宗)은 국가 1급 예술인이다. 평생을 충칭시 무대 공연 예술에 헌신했으며 80세의 고령에도 충칭시 대형 공연의 연출 총감독으로 현장을 지휘했다. 2023년에는 충칭시 문화관광연구원이 『충칭문화예술기억총서·닝용종』을 편찬했다. 그의 일대기를 서적으로 출간하여 충칭시 문화예술계의 기록으로 보관했다.

아들 Jack은 외할아버지의 DNA를 물려받았다. 2022년 판교의 KIS(Korea International School)를 졸업하고 미국 NYU에 진학했다.

아주 어려서부터 음악을 좋아하여 뮤직테크(Music Technology)를 전공으로 선택했으며 또한 컴퓨터사이언스(Computer Science)와 함께 2개 학위에 도전하고 있다. 아티스트·밴드·DJ·오디오 크리에이터의 세계 최대 온라인 커뮤니티인 사운드 클라우드(soundcloud.com)에 올라와 있는 그의 뮤직 창작물은 펑크와 하드·록 시대를 장발로 살아온 나로서는 전혀 경험해 보지 못한 새로운 음악 세계다. 실제 밴드 연주로는 만들어 내기 쉽지 않은 사운드와 비트를 창작하는 것이 신기하다.

예로부터 색동은 무병장수와 부귀영화의 의미를 담고 있고 다양성을 내포한다. 충청에서 국제결혼을 통해 다양성을 포용하고 행복하고 건강한 가정을 이루었으니 나는 색동의 의미를 그대로 구현하였다. 어찌 색동날개가 고맙지 않고 각별하지 않을 수 있겠는가?

2017년 12월. 햇수로 30년 정들었던 색동날개를 떠나면서도 색동날개가 우리 곁을 떠난다는 생각은 하지 못했다. 2019년 HDC현대산업개발이 아시아나항공 인수 우선 협상 대상자로 선정되어 실사를 진행할 때만 해도 그랬다. 다시 힘차게 비상할 줄로만 알았다. 2020년 11월, 산업은행이 Big 2의 합병으로 방향을 틀었다. 상황이 180도로 바뀌면서 색동날개가 우리 곁을 떠날 수도 있겠다 생각했다.

예수님 탄생하신 크리스마스에 눈이 내린다. 아파트 창밖으로 화이트 크리스마스에 뛰어노는 아이들의 모습이 즐겁고 정겹다. 아빠와 함께 눈사람도 만든다. 형체를 갖춰가는 눈사람 모습이 판다 푸바오를 닮았다. 내년에 이 땅을 떠나는 판다를 아쉬워하며 만들고 있는 걸까? 눈사람 판다의 모습을 보니 색동날개의 애틋함이 밀려온다.

글쓰기를 마무리하니 창밖에는 여전히 눈이 내린다. 화이트 크리스마스의 축복이 온 세상에 가득하다.

감사의 말

2017년 12월 회사를 나오고 하고 싶은 것이 생겼습니다. 관광학 박사 과정에 진학해서 항공과 관광에 관한 논문을 쓰고 싶었습니다. 책을 쓰겠다는 목표도 세웠습니다. 그리고 묻지도 않았는데 나의 목표를 아내와 아들에게 알렸습니다.

나는 박사 논문을 쓰기 위해 6개월 넘게 아침 일찍부터 저녁 늦게까지 책상에 앉았습니다. 주변은 온통 자료로 가득했습니다. 책을 베개 삼고 A4 용지를 덮고 잤습니다. 아들은 대학 진학을 위해 책상에 앉았습니다. 그는 게임도 열심히 했습니다. 나는 2021년 8월 박사학위를 받았고, 아들 Jack은 2022년 8월 NYU에 진학했습니다. 아들에게 힘든 시기를 함께 넘긴 동지애를 느낍니다. 아들에게 감사합니다. 그리고, 남편의 박사 공부와 아들의 NYU 진학에 헌신한 아내 Christina Ning에게도 감사합니다.

『내 이름은 색동날개』의 아이디어는 박사 논문에서 이어집니다. 박사 논문을 지원하신 경기대학교 관광경영학과 이재섭 지도교수에게 감사합니다.

특별히 나는 금호아시아나그룹 전 박삼구 회장에게 감사합니다.

그는 나를 1998년 창춘지점장으로 보냈으며, 2000년 충칭-서울 직항로 개설과 충칭지점장 임무를 맡겼습니다. 그 인연으로 충칭에서 결혼하고 아들을 얻었으니 그보다 고마운 일이 어디 있겠습니까? 감사합니다.

충칭시정부 천지와(陈际瓦) 부시장과 비서장 쾅요우즈(况由志)에게도 감사를 표합니다. 2001년 신년 하례식에 충칭시의 항공 및 공항 주요 인사 200여 명이 모인 자리에서 난 맨 뒷자리에 앉아 있었습니다. 주빈인 천지와 부시장께서 입장한 후 먼 뒤쪽 테이블에 있는 나를 찾아 비서장을 보내시고 당신 옆자리로 나를 안내하여 나란히 앉게 하던 그 감동을 기억합니다. 200명의 시선이 한꺼번에 제게 집중이 되었죠. 아시아나항공 충칭지점에 관심과 지원을 아끼지 않았던 그 따뜻한 배려에 고맙고 또 고맙습니다.

끝으로, 前 중국대사 김하중의 저서 『하나님의 대사』 2편 〈기도의 용사〉 115p의 글을 소개하며 인사를 드립니다:

"네가 참으로 많은 짐을 지고 있으나
그 모든 것을 참고 이겨내니 훌륭하도다.
조금만 기다리라.
이제 너에게 기쁨의 날이 다가올 것이니
네가 원하던 것들이 순식간에 이루어지리라.
참으로 어려운 가운데 참고 이겨냈으니

이제 네 앞에는 영광뿐이로다.

너는 조금만 기다리라.

너에게 좋은 소식이 있으리라.

네가 바라던 일이 일어나리라.

모든 사람이 너에게 존경을 표할 것이며

축하의 말을 하리니 너는 기다리라.

잠자코 기다리라."

그리고, 『내 이름은 색동날개』의 처음부터 끝까지 함께하신 주님께 감사드립니다.

2023년 12월 25일

판교에서 최영택

참고 문헌

단행본

오니시 야스유키 저, 송소영 역(2013). 이나모리 가즈오 1,155일 간의 투쟁.

김하중(2011). 하나님의 대사 2 - 기도의 용사로 사는 삶.

대한항공 뉴스룸(2019). 대한항공 50년 사 '하늘길에 꿈을 담다'.

설혜심(2020). 그랜드 투어.

최진석(2013). 인간이 그리는 무늬.
최진석(2017). 탁월한 사유의 시선.

Kevin Freiberg, Jackie Freiberg(1966). Nuts! Southwest Airlines' Crazy Recipe for Business and Personal Success.

연구논문·보고서

한국교통연구원(2017). 한·중·일 항공운송 실적 변화(2004~2015)와 의미.

국토교통부(2020). 2019년 항공교통 서비스 보고서.

국토교통부(2018). 우리나라 항공자유화협정 체결 현황. 항공정책 업무편람. p 505.

최영택(2020). 항공자유화와 항공 및 관광수요 연구: LCC의 중국 시장진입을 중심으로. 박사학위 논문. 경기대학교 대학원.

Muheto Darcy Dominique(2021). The Impact of Open Sky Agreements on Regional Integration. Focused on case studies of the EU and ASEAN. 항공자유화협정이 지역통합에 미치는 영향: EU-ASEAN 사례연구를 중심으로. 박사학위 논문. 부경대학교 대학원.

Shaoxuan Liu, Tae Hoon Oum(2018). Prospects for air policy liberalization in China as result of China-ASEAN Open Skies: Changing role of Chinese mega carriers in global scene and anticipated Low Cost Carrier competition. Transport Policy. 72, pp. A1~A9.

Alan R. Beckenstein, Brian Camphell(2017). Public Benefits and Private Success: the Southwest Effect Revisted. Darden Business School Working Paper No. 206. SSRN.

Juan Manuel Tello Contreras(2017). An Analysis of the Open Skies Policy and Its Effects on the Tourism Industry in Mexico. Journal of Spatial and Organizational Dynamics. V(4). pp. 376~399.

M. D. Poret, J.F. O'Connell, D. Warnock-Smith(2015). The economic viability of long-haul low cost operations: Evidence from the transatlantic market. Journal of Air Transport Management. 452. pp. 272~281.

Garda, R.A., Marn, M.V(1993). Price wars. McKinsey Q. (3).

Xiaowen Fu, Huan Jin, Shaoxuan Liu, Tae H. Oum, Jia Yan(2019). Exploring network effects of point-to-point networks: An investigation of the spatial patterns of Southwest Airlines' network. Transport Policy. 76. pp. 36~45.

Randall D. Bennett(1993). The Airline Deregulation Evolution Continues: The Southwest Effect. Office of Aviation Analysis, U.S. Department of Transportation.

Chuntao Wu(2016). How aviation deregulation promotes international tourism in Northeast Asia: A case of the charter market in Japan. Journal of Air Transport Management. 57. pp. 260~271.

IATA(2020). World Air Transport Statistics, Participant Copy, Edition 2020.

인터넷 사이트

한국관광 데이터랩(2023)

IVAO Documentation Library(2023). Optimum altitude.

Becca Rowland(2022). Which Part of a Flight Uses the Most Fuel? OAG.

Becca Rowland(2022). Will Japan achieve its inbound tourism targets? Aviation Market Analysis. OAG.

Travel Weekly(2022). 韩国乐天：将关闭中国总部，旗下包含旅游业务.

Deirdre Fulton(2022). Japan's airports and Covid-19's continued impact on international travel. Aviation Market Analysis. OAG.

CNN Travel(2023). The world's best airports for 2023, according to Skytrax.

Joe Rennison, Niraj Chokshi(2023). JetBlue-American Partnership Struck Down by Federal Judge. The New York Times.

The Associated Press(2023). American Airlines and JetBlue must end partnership in the northeast U.S., judge rules.

Alexandra Skores(2023). American Airlines, JetBlue will stop ticket sales on each other's flights. The Dallas Morning News.

Suzanne Rowan Kelleher(2023). JetBlue Will Dump Alliance With American To Save Spirit Deal. Forbes.

내 이름은 색동날개

ⓒ 최영택, 2024

초판 1쇄 발행 2024년 2월 14일

지은이   최영택
펴낸이   이기봉
편집   좋은땅 편집팀
펴낸곳   도서출판 좋은땅
주소   서울특별시 마포구 양화로12길 26 지월드빌딩 (서교동 395-7)
전화   02)374-8616~7
팩스   02)374-8614
이메일   gworldbook@naver.com
홈페이지 www.g-world.co.kr

ISBN   979-11-388-2774-4 (03320)